Libri i Kuzhinës

Mason Jar

Zbuloni komoditetin dhe shkathtësinë e vakteve Mason Jar me mbi 100 receta të shijshme

Ismet Ahmeti

TABELA E PËRMBAJTJES

PREZANTIMI

Mirë se vini në botën e mrekullueshme të kavanozëve murator! Këto kavanoza të gjithanshëm nuk janë vetëm për ruajtjen e ushqimit ose ruajtjen e frutave dhe perimeve. Në fakt, ato mund të përdoren për të krijuar një gamë të gjerë recetash të shijshme që janë të përshtatshme dhe të shëndetshme. Pavarësisht nëse jeni duke kërkuar të përgatisni vaktin, të paketoni një drekë ose të bëni një ëmbëlsirë, kavanozët janë zgjidhja perfekte.

Ky libër gatimi përmban mbi 100 receta krijuese dhe të thjeshta për t'u ndjekur, të cilat mund të bëhen të gjitha në kavanoza. Nga mëngjesi në darkë, madje edhe ushqimet dhe ëmbëlsirat, ka një recetë për çdo rast. Plus, përdorimi i kavanozëve do të thotë më pak mbeturina dhe pastrim më i lehtë!

Zbuloni gëzimet e shtresimit të përbërësve për të krijuar sallata dhe tasa me drithëra mahnitëse vizualisht, ose përgatisni një grumbull tërshërë gjatë natës për një mëngjes të lehtë. Dhe të mos harrojmë për mundësitë e pafundme për ëmbëlsirat, si servione individuale të cheesecake apo brownies.

Me këtë libër gatimi, do të mësoni të gjitha aspektet e përdorimit të kavanozëve për gatimin dhe përgatitjen e vakteve. Pavarësisht nëse jeni profesionist i kalitur apo i ri në botën e kavanozëve, do të gjeni shumë frymëzim dhe ide për ushqime të shijshme dhe të shëndetshme..

MASON JAR MËNGJESI

1. **Mason jar pudingat chia**

Përbërësit

- 1 ¼ filxhan qumësht 2%.
- 1 filxhan jogurt i thjeshtë grek 2%.
- ½ filxhan fara chia
- 2 lugë mjaltë
- 2 luge sheqer
- 1 lugë gjelle lëvore portokalli
- 2 lugë çaji ekstrakt vanilje
- ¾ filxhan portokall të segmentuar
- ¾ filxhan mandarina të segmentuara
- ½ filxhan grejpfrut të segmentuar

Drejtimet

a) Në një tas të madh, përzieni qumështin, kosin grek, farat chia, mjaltin, sheqerin, lëkurën e portokallit, vaniljen dhe kripën derisa të kombinohen mirë.

b) Ndani përzierjen në mënyrë të barabartë në katër kavanoza murature (16 ons). Lëreni në frigorifer brenda natës, ose deri në 5 ditë.

c) Shërbejeni të ftohtë, të mbushur me portokall, mandarina dhe grejpfrut.

2. Rainbow Lime Chia Puding

Përbërësit

- 1 ¼ filxhan qumësht 2%.
- 1 filxhan jogurt i thjeshtë grek 2%.
- ½ filxhan fara chia
- 2 lugë mjaltë
- 2 luge sheqer
- 2 lugë çaji lëvore gëlqereje
- 2 lugë gjelle lëng limoni të freskët të shtrydhur
- 1 lugë çaji ekstrakt vanilje
- 1 filxhan luleshtrydhe dhe boronica të grira
- ½ filxhan mango të prerë në kubikë dhe ½ filxhan kivi të prerë në kubikë

Drejtimet

a) Në një tas të madh, përzieni qumështin, kosin, farat chia, mjaltin, sheqerin, lëkurën e limonit, lëngun e limonit, vaniljen dhe kripën derisa të bashkohen mirë.

b) Ndani përzierjen në mënyrë të barabartë në katër kavanoza murature (16 ons). Mbulojeni dhe vendoseni në frigorifer brenda natës, ose deri në 5 ditë.

c) Shërbejeni të ftohtë, të mbushur me luleshtrydhe, mango, kivi dhe boronica.

3. Pudingu tropikal i kokosit Chia

Përbërësit

- 1 (13,5 ons) kanaçe qumësht kokosi
- 1 filxhan jogurt i thjeshtë grek 2%.
- ½ filxhan fara chia
- 2 lugë mjaltë
- 2 luge sheqer
- 1 lugë çaji ekstrakt vanilje
- Një majë kripë kosher
- 1 filxhan mango të prerë në kubikë
- 1 filxhan ananas të prerë në kubikë
- 2 lugë arrë kokosi të grirë

Drejtimet

a) Në një tas të madh, përzieni qumështin e kokosit, kosin, farat chia, mjaltin, sheqerin, vaniljen dhe kripën derisa të bashkohen mirë.

b) Ndani përzierjen në mënyrë të barabartë në katër kavanoza murature (16 ons). Mbulojeni dhe vendoseni në frigorifer brenda natës, ose deri në 5 ditë.

c) Shërbejeni të ftohtë, sipër me mango dhe ananas dhe të spërkatur me kokos.

4. Parfait Mëngjesi Berry

Bën: 4

PËRBËRËSIT:
- 1½ filxhan kos të thjeshtë me pak yndyrë
- 3 lugë mjaltë
- 1½ filxhan muesli drithëra mëngjesi ose granola me pak natrium dhe pak yndyrë
- 1½ filxhan manaferra të freskëta të përziera

UDHËZIME:
a) Vendosni 4 gota parfait, kavanoza mason 8-uns ose gota të tjera 8-ons.
b) Në një tas të vogël, bashkoni kosin dhe mjaltin dhe përzieni mirë.
c) Hidhni 2 lugë gjelle nga përzierja e kosit në fund të çdo gote ose kavanozi. Hidhni sipër 2 lugë drithëra dhe më pas 2 lugë fruta. Përsëriteni derisa të jenë përdorur të gjithë përbërësit.
d) I shërbejmë menjëherë ose i mbulojmë dhe i vendosim në frigorifer deri në 2 orë.

MASON JAR MAINS

5. Mason jar pule dhe supë ramen

Përbërësit

- 2 pako (5,6 ons) petë yakisoba në frigorifer
- 2 ½ lugë gjelle koncentrat bazë supë perimesh me natrium të reduktuar (na pëlqen më mirë se bouillon)
- 1 ½ lugë gjelle salcë soje me natrium të reduktuar
- 1 lugë gjelle uthull vere orizi
- 1 lugë gjelle xhenxhefil të sapo grirë
- 2 lugë çaji sambal oelek (pastë kili i freskët) ose më shumë për shije
- 2 lugë çaji vaj susami
- 2 gota të mbetura pule rotisserie të copëtuara
- 3 gota spinaq bebe
- 2 karota, të qëruara dhe të grira
- 1 filxhan kërpudha shiitake të prera në feta
- ½ filxhan gjethe të freskëta cilantro
- 2 qepë të njoma, të prera hollë
- 1 lugë çaji fara susami

Drejtimet

a) Në një tenxhere të madhe me ujë të valë, gatuajeni yakisoba derisa të lirohet, 1 deri në 2 minuta; kullohet mirë.

b) Në një tas të vogël, kombinoni bazën e supës, salcën e sojës, uthullën, xhenxhefilin, sambal oelek dhe vajin e susamit.

c) Ndani përzierjen e lëngut në 4 kavanoza qelqi me grykë të gjerë me kapak ose enë të tjera rezistente ndaj nxehtësisë. Sipër shtoni yakisoba, pulë, spinaq, karota, kërpudha, cilantro, qepë jeshile dhe fara susami. Mbulojeni dhe vendoseni në frigorifer deri në 4 ditë.

d) Për ta shërbyer, zbuloni një kavanoz dhe shtoni ujë të nxehtë sa të mbulojë përmbajtjen, rreth 1 ¼ filxhan. Vendoseni në mikrovalë, të pambuluar, derisa të nxehet, 2 deri në 3 minuta. Lëreni të qëndrojë për 5 minuta, përzieni dhe shërbejeni menjëherë.

6. <u>Mason jar bolognese</u>

Përbërësit

- 2 luge vaj ulliri
- 1 kile mish viçi të bluar
- 1 kile sallam italian, zorrët e hequra
- 1 qepë, e grirë
- 4 thelpinj hudhre, te grira
- 3 kanaçe (14,5 ons) domate të prera në kubikë, të kulluara
- 2 (15 ons) kanaçe salcë domatesh
- 3 gjethe dafine
- 1 lugë çaji rigon të tharë
- 1 lugë çaji borzilok të thatë
- ½ lugë çaji trumzë e thatë
- 1 lugë çaji kripë kosher
- ½ lugë çaji piper i zi i sapo bluar
- 2 pako (16 ons) djathë mocarela me pak yndyrë, të prerë në kubikë
- 32 ons fusilli gruri integral të pagatuar, të gatuar sipas udhëzimeve të paketimit; rreth 16 gota të gatuara

Drejtimet

a) Ngrohni vajin e ullirit në një tigan të madh mbi nxehtësinë mesatare-të lartë. Shtoni mishin e grirë, sallamin, qepën dhe hudhrën. Gatuani derisa të marrin ngjyrë kafe, 5 deri në 7 minuta, duke u kujdesur që të thërrmoni mishin e viçit dhe sallamin ndërsa gatuhet; kulloni yndyrën e tepërt.

b) Transferoni përzierjen e mishit të grirë në një tenxhere të ngadaltë 6 litra. Përzieni domatet, salcën e domates, gjethet e dafinës, rigonin, borzilokun, trumzën, kripën dhe piperin. Mbulojeni dhe ziejini në zjarr të ulët për 7 orë e 45 minuta. Hiqeni kapakun dhe kthejeni tenxheren e ngadalte ne larte. Vazhdoni të gatuani për 15 minuta, derisa salca të jetë trashur. Hidhni gjethet e dafinës dhe lëreni salcën të ftohet plotësisht.

c) Ndani salcën në 16 kavanoza qelqi me grykë të gjerë me kapak ose enë të tjera rezistente ndaj nxehtësisë. Sipër i hidhni mocarela dhe fusilli. Lëreni në frigorifer deri në 4 ditë.

d) Për ta shërbyer, vendoseni në mikrovalë, pa mbuluar, derisa të nxehet, rreth 2 minuta. Përziejini për t'u bashkuar.

7. Lazanja me kavanoz mason

Përbërësit

- 3 petë lazanja
- 1 luge vaj ulliri
- ½ kile fileto të bluar
- 1 qepë e prerë në kubikë
- 2 thelpinj hudhre, te grira
- 3 lugë pastë domate
- 1 lugë çaji erëza italiane
- 2 kanaçe (14,5 ons) domate të prera në kubikë
- 1 kungull i njomë mesatar, i grirë në rende
- 1 karotë e madhe, e grirë në rende
- 2 gota spinaq bebe të grirë
- Kripë Kosher dhe piper i zi i sapo bluar, për shije
- 1 filxhan djathë rikota të skremuar pjesërisht
- 1 filxhan djathë mocarela e grirë, e ndarë
- 2 lugë gjelle gjethe borziloku të freskët të copëtuar

Drejtimet

a) Në një tenxhere të madhe me ujë të kripur të vluar, gatuajini makaronat sipas udhëzimeve të paketimit; kullohet mirë. Pritini çdo petë në 4 pjesë; le menjane.

b) Ngrohni vajin e ullirit në një tigan të madh ose në një furrë holandeze mbi nxehtësinë mesatare-të lartë. Shtoni fileton e bluar dhe qepën dhe gatuajeni derisa të skuqet, 3 deri në 5 minuta, duke u kujdesur që të thërrmoni viçin ndërsa gatuhet; kulloni yndyrën e tepërt.

c) Hidhni hudhrën, pastën e domates dhe erëzat italiane dhe gatuajeni derisa të ketë aromë, 1 deri në 2 minuta. Hidhni domatet, ulni zjarrin dhe ziejini derisa të trashet pak, 5 deri në 6 minuta. Përzieni kungull i njomë, karrota dhe spinaqin dhe gatuajeni, duke i përzier shpesh, derisa të zbuten, për 2 deri në 3 minuta. I rregullojmë me kripë dhe piper sipas shijes. Lëreni salcën mënjanë.

d) Në një tas të vogël, kombinoni rikotën, ½ filxhan mocarela dhe borzilokun; sezonin me kripë dhe piper për shije

e) Ngrohni furrën në temperaturën 375 gradë F. Lyejeni pak me vaj 4 kavanoza qelqi me grykë të gjerë me kapak, ose enë të tjera të sigurta për furrë, ose lyeni me spërkatje që nuk ngjit.

f) Vendosni 1 copë makarona në çdo kavanoz. Ndani një të tretën e salcës në kavanoza. Përsëriteni me një shtresë të dytë makaronash dhe salcë. Sipër shtoni përzierjen e rikotës, makaronat e mbetura dhe salcën e mbetur. Spërkateni me ½ filxhan djathë mocarela të mbetur.

g) Vendosni kavanozët në një fletë pjekjeje. Vendoseni në furrë dhe piqni derisa të flluskojë, 25 deri në 30 minuta; ftohet plotësisht. Lëreni në frigorifer deri në 4 ditë.

8. Mason jar panxhar dhe lakër brukselit tas grurit

Përbërësit

- 3 panxhar mesatar (rreth 1 kile)
- 1 luge vaj ulliri
- Kripë Kosher dhe piper i zi i sapo bluar, për shije
- 1 filxhan farro
- 4 gota spinaq ose lakër jeshile
- 2 gota lakër brukseli (rreth 8 ons), të prera hollë
- 3 klementina të qëruara dhe të segmentuara
- ½ filxhan pekan, të thekur
- ½ filxhan kokrra shege

Honey-Dijon vinaigrette verë e kuqe

- ¼ filxhan vaj ulliri ekstra të virgjër
- 2 lugë gjelle uthull vere të kuqe
- ½ qepe, e grirë
- 1 lugë mjaltë
- 2 lugë çaji mustardë me kokërr të plotë
- Kripë Kosher dhe piper i zi i sapo bluar, për shije

Drejtimet

a) Ngrohni furrën në 400 gradë F. Vini një fletë pjekjeje me fletë metalike.

b) Vendosni panxharët në letër, spërkatni me vaj ulliri dhe rregulloni me kripë dhe piper. Palosni të 4 anët e fletës për të bërë një qese. Piqni derisa të zbuten, 35 deri në 45 minuta; lëreni të ftohet, rreth 30 minuta.

c) Duke përdorur një peshqir letre të pastër, fërkojeni panxharin për të hequr lëkurat; prerë në copa të madhësisë së kafshatës.

d) Gatuani farën sipas udhëzimeve të paketimit, më pas lëreni të ftohet.

e) Ndani panxharin në 4 kavanoza qelqi me grykë të gjerë me kapak. Sipër shtoni spinaq ose lakër jeshile, farro, lakrat e Brukselit, klementinat, pecans dhe farat e shegës. Ruhet i mbuluar në frigorifer 3 ose 4 ditë.

f) PËR VINEGRETTE: Rrihni së bashku vajin e ullirit, uthullën, qepujt, mjaltin, mustardën dhe 1 lugë gjelle ujë; sezonin me kripë dhe piper për shije. Mbulojeni dhe vendoseni në frigorifer deri në 3 ditë.

g) Për ta shërbyer, shtoni vinegrette në çdo kavanoz dhe tundeni. Shërbejeni menjëherë.

9. Sallatë me brokoli kavanoz Mason

Përbërësit

- 3 lugë qumësht 2%.
- 2 lugë majonezë vaj ulliri
- 2 lugë kos grek
- 1 lugë gjelle sheqer, ose më shumë për shije
- 2 lugë çaji uthull molle
- ½ filxhan shqeme
- ¼ filxhan boronica të thata
- ½ filxhan qepë të kuqe të prerë në kubikë
- 2 onca djathë çedër, i prerë në kubikë
- 5 gota lule brokoli të grira në mënyrë të trashë

Drejtimet

a) PËR veshjen: Rrihni qumështin, majonezën, kosin, sheqerin dhe uthullën në një tas të vogël.

b) Ndani salcën në 4 kavanoza qelqi me grykë të gjerë me kapak. Sipër shtoni shqeme, boronicë, qepë, djathë dhe brokoli. Lëreni në frigorifer deri në 3 ditë.

c) Për ta servirur, tundni përmbajtjen e një kavanozi dhe shërbejeni menjëherë.

10. Sallatë pule me kavanoz Mason

Përbërësit

- 2 ½ filxhanë pule të mbeturinave të copëtuara
- ½ filxhan kos grek
- 2 lugë majonezë vaj ulliri
- ¼ filxhan qepë të kuqe të prerë në kubikë
- 1 kërcell selino, të prerë në kubikë
- 1 lugë gjelle lëng limoni të saposhtrydhur, ose më shumë për shije
- 1 lugë çaji tarragon i freskët i copëtuar
- ½ lugë çaji mustardë Dijon
- ½ lugë çaji pluhur hudhër
- Kripë Kosher dhe piper i zi i sapo bluar, për shije
- 4 gota lakër jeshile të grirë
- 2 mollë Granny Smith, të prera dhe të prera
- ½ filxhan shqeme
- ½ filxhan boronicë të thata

Drejtimet

a) Në një tas të madh, bashkoni pulën, kosin, majonezën, qepën e kuqe, selinon, lëngun e limonit, tarragonin, mustardën dhe hudhrën pluhur; sezonin me kripë dhe piper për shije.

b) Ndani përzierjen e pulës në 4 kavanoza qelqi me grykë të gjerë me kapak. Sipër shtoni lakër jeshile, mollë, shqeme dhe boronicë. Lëreni në frigorifer deri në 3 ditë.

c) Për ta servirur, tundni përmbajtjen e një kavanozi dhe shërbejeni menjëherë.

11. Kavanoz Mason Sallatë pule kineze

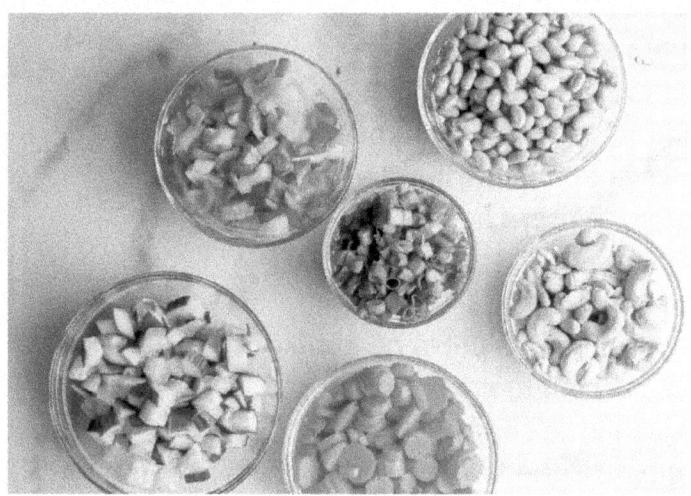

Përbërësit

- ½ filxhan uthull vere orizi
- 2 thelpinj hudhra, të shtypura
- 1 lugë gjelle vaj susami
- 1 lugë gjelle xhenxhefil të sapo grirë
- 2 lugë çaji sheqer, ose më shumë për shije
- ½ lugë çaji salcë soje me natrium të reduktuar
- 2 qepë të njoma, të prera hollë
- 1 lugë çaji fara susami
- 2 karota, të qëruara dhe të grira
- 2 gota kastravec anglez të prerë në kubikë
- 2 gota lakër të purpurt të grirë
- 12 gota lakër jeshile të copëtuar
- 1 ½ filxhan pulë rotiserie të mbetura të prera në kubikë
- 1 filxhan shirita wonton

Drejtimet

a) PËR VINEGRETTE: Përzieni uthullën, hudhrën, vajin e susamit, xhenxhefilin, sheqerin dhe salcën e sojës në një tas të vogël. Ndani salcën në 4 kavanoza qelqi me grykë të gjerë me kapak.

b) Hidhni sipër qepët e njoma, farat e susamit, karotat, kastravecin, lakrën, lakër jeshile dhe pulën. Lëreni në frigorifer deri në 3 ditë. Ruani shiritat wonton veçmas.

c) Për ta shërbyer, tundni përmbajtjen e një kavanozi dhe shtoni shiritat wonton. Shërbejeni menjëherë.

12. Sallatë Niçoise kavanoz Mason

Përbërësit

- 2 vezë të mesme
- 2 ½ filxhan bishtaja të përgjysmuara
- 3 (7 ons) kanaçe ton albacore të paketuara në ujë, të kulluara dhe të shpëlarë
- ¼ filxhan vaj ulliri ekstra të virgjër
- 2 lugë gjelle uthull vere të kuqe
- 2 lugë qepë të kuqe të prera në kubikë
- 2 lugë gjelle gjethe majdanoz të freskët të grirë
- 1 lugë gjelle gjethe të freskëta tarragon të copëtuara
- 1 ½ lugë çaji mustardë Dijon
- Kripë Kosher dhe piper i zi i sapo bluar, për shije
- 1 filxhan domate qershi të përgjysmuara
- 4 filxhanë marule gjalpë të grisura
- 3 gota gjethe rukole
- 12 ullinj kalamata
- 1 limon, i prerë në copa (opsionale)

Drejtimet

a) Vendosni vezët në një tenxhere të madhe dhe mbulojini me ujë të ftohtë për 1 inç. Lëreni të vlojë dhe gatuajeni për 1 minutë. Mbuloni tenxheren me një kapak të ngushtë dhe hiqeni nga zjarri; lëreni të qëndrojë për 8 deri në 10 minuta.

b) Ndërkohë, në një tenxhere të madhe me ujë të kripur të vluar, zbardhni bishtajat deri në ngjyrë të gjelbër të çelur, rreth 2 minuta. Kullojeni dhe ftoheni në një enë me ujë akull. Kullojini mirë. Kulloni vezët dhe lërini të ftohen para se t'i qëroni dhe t'i prisni përgjysmë për së gjati.

c) Në një tas të madh, kombinoni tonin, vajin e ullirit, uthullën, qepën, majdanozin, tarragonin dhe Dijonin derisa të kombinohen; sezonin me kripë dhe piper për shije.

d) Ndani përzierjen e tonit në 4 kavanoza qelqi me grykë të gjerë me kapak. Hidhni sipër bishtajat, vezët, domatet, sallatat me gjalpë, rukolën dhe ullinjtë. Lëreni në frigorifer deri në 3 ditë.

e) Për ta shërbyer, tundni përmbajtjen e një kavanozi. Shërbejeni menjëherë, nëse dëshironi me copa limoni.

13. Sallatë kavanoz shumë jeshile

Përbërësit

- ¾ filxhan elb me perla
- 1 filxhan gjethe borziloku të freskët
- ¾ filxhan kos grek 2%.
- 2 qepë të njoma, të grira
- 1 ½ lugë gjelle lëng gëlqereje të freskët të shtrydhur
- 1 thelpi hudhër, të qëruar
- Kripë Kosher dhe piper i zi i sapo bluar, për shije
- ½ kastravec anglez, i prerë në mënyrë të trashë
- 1 paund (4 të vogla) kunguj të njomë, të spiralizuara
- 4 gota lakër jeshile të grirë
- 1 filxhan bizele jeshile të ngrira, të shkrira
- ½ filxhan djathë feta të grimcuar me yndyrë të reduktuar
- ½ filxhan bizele
- 1 gëlqere, e prerë në copa (opsionale)

Drejtimet

a) Gatuani elbin sipas udhëzimeve të paketimit; lëreni të ftohet plotësisht dhe lëreni mënjanë.

b) Për të bërë salcën, kombinoni borzilokun, kosin, qepët e njoma, lëngun e limonit dhe hudhrën në tasin e një përpunuesi ushqimi dhe i rregulloni me kripë dhe piper. Pulsoni derisa të jetë e qetë, rreth 30 sekonda deri në 1 minutë.

c) Ndani salcën në 4 kavanoza qelqi me grykë të gjerë me kapak. Sipër hidhni kastravec, petë me kungull i njomë, elb, lakër jeshile, bizele, feta dhe bizele. Lëreni në frigorifer deri në 3 ditë.

d) Për ta shërbyer, tundni përmbajtjen në një kavanoz. Shërbejeni menjëherë, sipas dëshirës me feta gëlqereje.

Salca dhe supë me kavanoz MASON

14. Salcë Chimichurri

PËRBËRËSIT:

- 1 filxhan majdanoz i freskët i paketuar lehtë
- ¼ filxhan uthull organike të verës së kuqe
- 2 thelpinj hudhre te medha
- ¼ filxhan vaj ulliri ekstra të virgjër
- 1 lugë çaji trumzë e thatë
- ½ lugë çaji kripë
- ¼ lugë çaji thekon piper të kuq
- ⅛ lugë çaji piper i zi i sapo bluar
- ¼ filxhan lëng mishi me kocka viçi
- ¼ avokado e pjekur

UDHËZIME:

a) Vendosini të gjithë përbërësit në një përpunues ushqimi, përziejini për rreth 30 sekonda ose derisa të gjithë përbërësit të kombinohen mirë. Nëse është shumë e hollë sipas dëshirës tuaj, shtoni më shumë avokado. Nëse është shumë e trashë, shtoni më shumë lëng mishi kockash viçi.

b) Hidheni salcën chimichurri në një kavanoz murature 8 ons. Mbulojeni dhe ruani në frigorifer deri në 2 javë.

15. Lëngë eshtrave të viçit

PËRBËRËSIT:

- 3-4 kilogramë kocka viçi të ushqyer me bar të përzier
- 2 qepë mesatare, të grira
- 2 karota mesatare, të grira
- 3 bishta selino, të grira
- 2 gjethe dafine
- 2 lugë gjelle uthull molle
- 1 lugë piper kokrra
- 8-10 gota ujë

UDHËZIME:

a) Ngroheni furrën në 400°F.

b) Vendosni kockat e përziera në një tavë pjekjeje në një shtresë të vetme dhe vendosini në furrë. Piqini kockat për 30 minuta. Ktheni kockat dhe piqini edhe 30 minuta të tjera.

c) Ndërsa kockat janë duke u pjekur, copëtoni karotat, qepët dhe selinon. Ju do t'i hidhni këto pas orëve të gjata të gatimit, kështu që një prerje e ashpër funksionon shumë!

d) Vendosni kockat e pjekura, perimet e copëtuara, gjethet e dafinës, uthullën e mollës dhe kokrrat e piperit në një tenxhere prej 6 litrash. Mbulojeni plotësisht me ujë.

e) Mbulojeni dhe ziejini në temperaturë të ulët për 24 orë. Shtoni ujë sipas nevojës për të mbajtur të gjithë përbërësit të mbuluar me ujë dhe periodikisht hiqni shkumën nga sipër e tenxhere.

f) Pas 24 orësh, supa duhet të ketë një ngjyrë kafe të errët. Hidhni të gjitha lëndët e ngurta dhe kullojeni lëngun përmes një site rrjetë të imët në një tas të madh. Kullojeni edhe një herë me napë për të hequr grimcat e mbetura nëse dëshironi.

g) Hidhni lëngun e kockave në kavanoza Mason dhe lëreni të ftohet në temperaturën e dhomës. Lëngu i kockave mund të ruhet në frigorifer deri në dy javë ose të ngrihet për përdorim në të ardhmen. Para përdorimit, hiqni yndyrën e grumbulluar në sipërfaqe.

16. Reçel me daiquiri kivi

Bën: 4 racione

PËRBËRËSIT:

- 5 Kivi, të qëruara
- 3 gota Sheqer
- ⅔ filxhan lëng ananasi pa sheqer
- ⅓ filxhan lëng limoni i freskët
- 3 ons pektinë të lëngshme
- Ngjyra ushqimore e gjelbër, opsionale
- 4 lugë rum

UDHËZIME:

a) Mbushni enën me ujë të valë me ujë. Vendosni 4 kavanoza të pastra prej gjysmë pinte në konservë. Mbulojeni, vendosni ujin të ziejë dhe ziejini për të paktën 10 minuta për të sterilizuar kavanozët në lartësi deri në 1000 ft.

b) Vendosni kapakët e kapakëve në ujë të vluar dhe ziejini për 5 minuta për të zbutur përbërjen mbyllëse.

c) Në një tenxhere të madhe çelik inox ose smalt, grijini kivi në konsistencë me salcë molle. Përzieni sheqerin, ananasin dhe lëngun e limonit.

d) Lëreni të vlojë plotësisht, duke e përzier derisa sheqeri të tretet.

e) Duke e përzier vazhdimisht, ziejini fort për 2 minuta.

f) Hiqeni nga zjarri dhe përzieni pektinën. Vazhdoni të përzieni për 5 minuta për të parandaluar lundrimin e frutave. Përzieni rumin.

g) Hidheni reçelin në një kavanoz të sterilizuar të nxehtë deri në ¼ inç nga buza e sipërme.

h) Hiqni flluskat e ajrit duke rrëshqitur një shpatull gome midis xhamit dhe ushqimit dhe rregulloni hapësirën e kokës në ¼ inç. Fshijeni buzën e kavanozit duke hequr çdo ngjitje. Mblidhni kapakun në qendër të kavanozit, vendosni shiritin e vidës derisa të shtrëngohet maja e gishtit. Vendoseni kavanozin në konservë. Përsëriteni për reçelin e mbetur.

i) Mbulojeni konservën, kthejeni ujin në valë dhe përpunojeni për 5 minuta. Ftohtë 24 orë. Kontrolloni vulat e kavanozit.

j) Hiqni shiritat e vidhave. Fshini kavanozët, etiketoni dhe ruajini në një vend të errët dhe të freskët.

17. Tenxherja Dulce de Leche

Bën: 16

PËRBËRËSIT:
- 2 kanaçe (14 ons) me qumësht të kondensuar të ëmbël

UDHËZIME:
a) Mbushni kavanozët Mason deri në buzë me qumësht të kondensuar të ëmbël.
b) Vidhosni kapakët fort.
c) Vendoseni drejt në një tenxhere të ngadaltë.
d) Mbushni tenxheren e pjekjes përgjysmë me ujë të nxehtë të rubinetit për të mbuluar kavanozët.
e) Gatuani në LOW për 8 deri në 10 orë.
f) Lëreni të ftohet në temperaturën e dhomës në banak.
g) Lëreni në frigorifer derisa të nevojitet.

18. Salcë e nxehtë e stilit Luiziana

BËN 16 ONS

Përbërësit:

- 1 kile (rreth 10) speca të freskët kajen ose tabasko, me kërcell
- 2 lugë çaji kripë jo të jodizuar
- ½ filxhan uthull vere të bardhë ose uthull të bardhë
- 2 thelpinj hudhre

Udhëzime:

a) Në një blender ose procesor ushqimi, kombinoni specat djegës dhe kripën. Përziejini derisa të formohet një pure dhe të lirohet një shëllirë nga djegësit.

b) Paketoni purenë në një kavanoz të pastër dhe shtypeni derisa shëllira natyrale të mbulojë specat djegës, duke lënë të paktën 1 inç hapësirë.

c) Vendosni një kartouch, nëse e përdorni, më pas vidhosni kapakun fort dhe ruajeni kavanozin në temperaturën e dhomës larg nga rrezet e diellit direkte për të fermentuar për 2 javë. Gromiseni kavanozin çdo ditë.

d) Pasi fermentimi të përfundojë, kombinoni purenë (përfshirë shëllirën natyrale), uthullën dhe hudhrën në një përpunues ushqimi ose blender. Përziejini derisa salca të jetë sa më e lëmuar.

e) Ruajeni salcën e nxehtë në një enë hermetike në frigorifer deri në 1 vit.

19. Chimichurri verde

BËN 8 ONS

Përbërësit:

- 2 gota majdanoz të freskët të grirë
- 1 filxhan cilantro e freskët e copëtuar
- 2 qepë, të dyja pjesët e bardha dhe jeshile, të grira
- 4 thelpinj hudhre, te grira
- 1 djegës i freskët i kuq (si kajeni ose tabasko), me bisht dhe të copëtuar
- 1½ lugë çaji kripë jo të jodizuar
- ¼ filxhan uthull vere të kuqe
- ¼ filxhan vaj ulliri, për servirje

Udhëzime:

a) Në një tas përzieni, kombinoni majdanozin, cilantron, qepën, hudhrën dhe kilin e kuq. Spërkateni me kripë. Duke përdorur duart, masazhoni kripën në perime. Lëreni të qëndrojë për 10 minuta në mënyrë që të formohet një shëllirë.

a) Pasi të jetë lëshuar shëllira natyrale, paketoni përzierjen dhe shëllirë në një kavanoz të pastër. Shtypeni përzierjen derisa shëllira të mbulojë perimet.

b) Vendosni një kartushë, nëse e përdorni, më pas vidhosni kapakun fort dhe ruajeni kavanozin në temperaturën e dhomës larg nga rrezet e diellit direkte për të fermentuar për 5 ditë. Gromiseni kavanozin çdo ditë.

c) Pasi fermentimi të përfundojë, kombinoni fermentin dhe uthullën e verës së kuqe në një blender ose përpunues ushqimi. Përziejini derisa të kombinohen mirë.

d) Ruani chimichurri në frigorifer deri në 3 muaj. Kur të jetë gati për t'u shërbyer, shtoni 1 lugë gjelle vaj ulliri për ¼ filxhan chimichurri.

20. Salcë Ají amarillo

BËN 16 ONS
Përbërësit:
Për pastën
- 4 ons (rreth 15) speca ají amarillo të thata, me kërcell dhe të grirë në copa
- 6 thelpinj hudhre
- 3 qepë, të dyja pjesët e bardha dhe jeshile, të prera në feta
- 2½ gota ujë pa klor
- 2 lugë kripë jo të jodizuar
- 5 lugë gjelle lëng limoni
- 2 lugë shëllirë të rezervuar

Për salcën
- 2 gota paste ají amarillo
- 1 filxhan qumësht të avulluar
- 1 filxhan queso afresk ose djathë feta
- ¼ filxhan krisur të grimcuar ose thërrime buke

Udhëzime:
a) Për të bërë pastën: Në një kavanoz të pastër, kombinoni specat djegës, hudhrën dhe qepët.
b) Në një enë të veçantë, bëni një shëllirë duke bashkuar ujin dhe kripën.
c) Vendosni një peshë, nëse e përdorni, më pas derdhni shëllirë në kavanoz, duke lënë të paktën 1 inç hapësirë. Vidhni kapakun fort dhe ruajeni kavanozin në temperaturën e dhomës larg nga rrezet e diellit direkte për të fermentuar për 10 ditë. Gromiseni kavanozin çdo ditë.
d) Pasi fermentimi të ketë përfunduar, kullojeni fermentin, duke rezervuar 2 lugë gjelle shëllirë.
e) Në një blender ose përpunues ushqimi, kombinoni fermentin, lëngun e limonit dhe shëllirën e rezervuar. Përziejini derisa të jetë e qetë.
f) Mbajeni pastën në frigorifer deri në 6 muaj.

g) Për të bërë salcën: Në një blender ose përpunues ushqimi, kombinoni pastën ají amarillo, qumështin e avulluar, djathin dhe krikerat ose thërrimet e bukës.

h) Përziejini derisa të jetë e qetë.

21. Salcë djegës jeshil me hudhër

BËN 16 ONS

Përbërësit:

- 1 kile (rreth 6) djegës të freskët Hatch, me kërcell
- 8 thelpinj hudhre
- 2 lugë çaji kripë jo të jodizuar
- 2 lugë çaji fara qimnoni
- 1 lugë çaji rigon i bluar
- ¼ filxhan uthull të bardhë
- 1 lugë gjelle sheqer të grimcuar

Udhëzime:

a) Në një blender ose përpunues ushqimi, kombinoni specin djegës, hudhrën, kripën, farat e qimnonit dhe rigonin. Përziejini derisa të copëtohet përafërsisht dhe të lirohet një shëllirë natyrale. Hidheni përzierjen në një kavanoz të pastër.

b) Vendosni një kartushë, nëse e përdorni, më pas vidhosni kapakun fort dhe ruajeni kavanozin në temperaturën e dhomës larg nga rrezet e diellit direkte për të fermentuar për 5 ditë. Gromiseni kavanozin çdo ditë.

c) Pasi fermentimi të përfundojë, kombinoni fermentin, uthullën dhe sheqerin në një përpunues ushqimi ose blender. Përziejini derisa të jetë e qetë.

d) Salcën e ruani në frigorifer deri në 1 vit.

22. Salcë e nxehtë Chipotle

BËN 16 ONS

Përbërësit:

- 2 ons (rreth 15) speca çipotle të thata, me kërcell
- 6 thelpinj hudhre
- ½ qepë e bardhë ose e verdhë, e përgjysmuar
- 2 gota ujë pa klor
- 1 lugë gjelle plus 1 lugë çaji kripë jo të jodizuar
- ½ filxhan lëng portokalli
- ½ filxhan uthull molle
- ¼ filxhan shëllirë të rezervuar
- 2 lugë pastë domate
- 1 lugë gjelle sheqer të grimcuar
- 1 lugë çaji fara qimnoni

Udhëzime:

a) Në një kavanoz të pastër, kombinoni specin djegës, hudhrën dhe qepën.

b) Në një enë të veçantë, bëni një shëllirë duke bashkuar ujin dhe kripën.

c) Vendosni një peshë, nëse e përdorni, më pas derdhni shëllirë në kavanoz, duke lënë të paktën 1 inç hapësirë. Vidhni kapakun fort dhe ruajeni kavanozin në temperaturën e dhomës larg nga rrezet e diellit direkte për të fermentuar për 1 javë. Gromiseni kavanozin çdo ditë.

d) Pasi fermentimi të përfundojë, kullojeni fermentin, duke rezervuar ¼ filxhan shëllirë.

e) Në një blender ose përpunues ushqimi, kombinoni fermentin, lëngun e portokallit, uthullën, shëllirën e rezervuar, pastën e domates, sheqerin dhe farat e qimnonit. Përziejini derisa të jetë e qetë.

f) Salcën e ruani në frigorifer deri në 1 vit.

23. Ají picante

BËN 16 ONS
Përbërësit:

- 1 ons (rreth 4) speca të freskët ají chirca ose habanero, me bisht dhe të copëtuar
- 6 qepë, të dyja pjesët e bardha dhe jeshile, të grira
- 1 filxhan cilantro e freskët e copëtuar
- 2 domate mesatare, të grira
- 1 lugë gjelle kripë jo të jodizuar
- 1 gotë ujë
- ¼ filxhan shëllirë të rezervuar
- ¼ filxhan uthull të bardhë
- 2 lugë gjelle lëng limoni
- 2 lugë çaji sheqer të grimcuar
- ¼ filxhan vaj avokado ose luledielli, për servirje

Udhëzime:

a) Në një tas përzieni, kombinoni specat djegës, qepët, cilantron dhe domatet. Spërkatni perimet me kripë.

b) Duke përdorur duart, masazhoni kripën në perime derisa të fillojë të formohet një shëllirë. Lërini perimet të qëndrojnë për 30 minuta, ose derisa të krijohet shëllirë e mjaftueshme për të mbuluar përbërësit në një kavanoz.

c) Paketoni purenë në një kavanoz të pastër, duke e shtypur poshtë për të siguruar që shëllira të mbulojë purenë.

d) Vendosni një kartushë, nëse e përdorni, më pas vidhosni kapakun fort dhe ruajeni kavanozin në temperaturën e dhomës që të fermentohet për 5 ditë. Gromiseni kavanozin çdo ditë.

e) Pasi fermentimi të përfundojë, kullojeni purenë, duke rezervuar ¼ filxhan shëllirë.

f) Kombinoni purenë, ujin, shëllirën e rezervuar, uthullën, lëngun e limonit dhe sheqerin në një përpunues ushqimi ose blender. Pulsoni lehtë derisa të kombinohen mirë, por jo plotësisht. Për një version pak më të trashë, mund të kaloni hapin pulsues dhe thjesht t'i përzieni përbërësit me dorë.

g) Mbajeni ají picante të ruajtur në një enë hermetike në frigorifer deri në 1 vit.

h) Përzieni 1 lugë gjelle vaj për 1 filxhan salcë menjëherë përpara se ta shërbeni.

24. Uthull molle

Bën rreth ½ deri në 1 litër/litër

Përbërësit:

- ½ filxhan sheqer kokosi
- 1 litër ujë i filtruar
- 4 mollë, bërthama dhe lëkura të përfshira

Udhëzime:

a) Në një tenxhere ose filxhan të madh matëse, përzieni së bashku sheqerin dhe ujin, duke i përzier nëse është e nevojshme për të nxitur tretjen e sheqerit.

b) Pritini mollët në katër pjesë dhe më pas prisni secilën pjesë në gjysmë. Vendosni copat e mollës, bërthamat dhe lëkurat e përfshira, në një kavanoz ose pjatë prej 1 deri në 2 litra, duke lënë rreth 1 deri në 2 inç në krye të kavanozit.

c) Hidhni tretësirën e sheqerit me ujë mbi mollët, duke lënë rreth ¾ inç në krye të kavanozit. Mollët do të notojnë deri në majë, dhe disa nuk do të zhyten në ujë, por kjo është në rregull.

d) Mbuloni hapjen me disa shtresa napë të pastër dhe vendosni një brez elastik rreth grykës së kavanozit ose pjatës për të mbajtur napë në vend.

e) Çdo ditë, hiqni napë dhe përzieni për të mbuluar mollët me tretësirën e sheqerit me ujë, duke i mbuluar sërish me napë kur të keni mbaruar. Duhet të bëni çdo ditë për të siguruar që mollët të mos mykohen gjatë procesit të fermentimit.

f) Pas dy javësh, kullojini mollët, duke e rezervuar lëngun; ju mund t'i shtoni mollët në kompostimin tuaj. Hidheni lëngun në një shishe dhe mbylleni me një kapak të ngushtë ose tapë. Uthulla ruhet për rreth një vit.

g) Shtyjini ato nëpër një shtrydhëse frutash e perimesh për të bërë lëng molle. Nëse nuk keni shtrydhëse frutash e perimesh, thjesht prisni mollët në katër pjesë dhe bëjini pure në një procesor ushqimi.

h) pula shtyjeni tulin e mollës përmes një sitë të veshur me muslin ose qese muslin për të hequr fibrën nga lëngu.

i) Hidheni lëngun në enë ose shishe qelqi të pastra, të errëta, pa i vendosur një kapak. Mbuloni majat me disa shtresa napë dhe mbajini në vend me një brez elastik.

j) Ruani shishet ose kavanozët në një vend të freskët dhe të errët për tre javë deri në gjashtë muaj.

25. Uthull ananasi

Bën rreth ½ deri në 1 litër/litër

Përbërësit:

a) ½ filxhan sheqer kokosi
b) 1 litër ujë i filtruar
c) 1 ananas mesatar

Udhëzime:

a) Në një tenxhere ose filxhan të madh matëse, përzieni së bashku sheqerin dhe ujin, duke i përzier nëse është e nevojshme për të nxitur tretjen e sheqerit.
b) Hiqni lëkurën dhe bërthamën nga ananasi. Lëreni mënjanë mishin e frutave për një përdorim tjetër. Pritini trashë lëkurat dhe bërthamën. Vendosni mbetjet e ananasit në një kavanoz ose kavanoz 1 deri në 2 litra, duke lënë rreth 1 deri në 2 inç në krye të kavanozit.
c) Hidhni tretësirën e sheqerit me ujë mbi lëkurat dhe thelbin e ananasit, duke lënë rreth ¾ inç në krye të kavanozit. Pjesët do të notojnë deri në majë, dhe disa nuk do të zhyten në ujë, por kjo është në rregull.
d) Mbuloni hapjen me disa shtresa napë të pastër dhe vendosni një brez elastik rreth grykës së kavanozit ose pjatës për të mbajtur napë në vend.
e) Çdo ditë, hiqni napë dhe përzieni për të mbuluar copat e ananasit me tretësirën e sheqerit me ujë. Duhet të bëni çdo ditë për të siguruar që copat e ananasit të mos mykohen gjatë procesit të fermentimit.
f) Pas dy javësh, kullojini copat e ananasit, duke e rezervuar lëngun; ju mund të shtoni ananasin në kompostimin tuaj. Hidheni lëngun në një shishe dhe mbylleni me një kapak të ngushtë ose tapë. Uthulla ruhet për rreth një vit.

MASON JARPERIMET

26. Turshitë e koprës

Përbërësit:

- 4 paund. kastravec turshi 4 inç
- 2 lugë gjelle farë kopre ose 4 deri në 5 koka kopër të freskët ose të thatë
- 1/2 filxhan kripë
- 1/4 filxhan uthull (5%
- 8 gota ujë dhe një ose më shumë nga përbërësit e mëposhtëm:
- 2 thelpinj hudhër (opsionale)
- 2 speca të kuq të thatë (opsionale)
- 2 lugë çaji erëza të përziera turshi

Udhëzime:

a) Lani kastravecat. Prisni një fetë 1/16 inç të fundit të lulëzimit dhe hidheni. Lëreni 1/4 inç të kërcellit të bashkangjitur. Vendosni gjysmën e koprës dhe erëzave në fund të një ene të pastër dhe të përshtatshme.

b) Shtoni kastravecat, koprën e mbetur dhe erëzat. Shkrihet kripë në uthull dhe ujë dhe hidhet mbi kastravecat.

c) Shtoni mbulesën dhe peshën e përshtatshme. Ruani ku temperatura është ndërmjet 70° dhe 75°F për rreth 3 deri në 4 javë gjatë fermentimit. Temperaturat nga 55° deri në 65°F janë të pranueshme, por fermentimi do të zgjasë 5 deri në 6 javë.

d) Shmangni temperaturat mbi 80°F, përndryshe turshitë do të bëhen shumë të buta gjatë fermentimit. Turshitë fermentuese kurohen ngadalë. Kontrolloni enën disa herë në javë dhe hiqni menjëherë llumin ose mykun sipërfaqësor. Kujdes: Nëse turshitë bëhen të buta, rrëshqitëse ose marrin një erë të pakëndshme, hidhini ato.

e) Turshitë plotësisht të fermentuara mund të ruhen në enën origjinale për rreth 4 deri në 6 muaj, me kusht që të ruhen në frigorifer dhe të hiqen rregullisht llumrat dhe myku sipërfaqësor. Konservimi i turshive plotësisht të fermentuara është një mënyrë më e mirë për t'i ruajtur ato. Për t'i konservuar, derdhni shëllirën në një tigan, ngrohni ngadalë në një valë dhe ziejini për 5 minuta. Filtroni shëllirën përmes filtrave të kafesë prej letre për të reduktuar turbullira, nëse dëshironi.

f) Mbushni kavanozin e nxehtë me turshi dhe shëllirë të nxehtë, duke lënë hapësirë 1/2 inç.

g) Hiqni flluskat e ajrit dhe rregulloni hapësirën e kokës nëse është e nevojshme. Fshini buzët e kavanozëve me një peshqir letre të pastër të lagur.

27. Lakër turshi

Përbërësit:
- 25 paund. lakër
- 3/4 filxhan kripë konservimi ose turshi

Rendimenti: Rreth 9 litra

Udhëzime:

a) Punoni me rreth 5 kilogramë lakër në të njëjtën kohë. Hidhni gjethet e jashtme. Shpëlajini kokat nën ujë të ftohtë të rrjedhshëm dhe kullojini. Pritini kokat në katërsh dhe hiqni bërthamat. Pritini ose prisni në një trashësi prej një çerek.

b) Vendosni lakrën në një enë të përshtatshme fermentimi dhe shtoni 3 lugë gjelle kripë. Përziejini tërësisht, duke përdorur duar të pastra. Paketoni fort derisa kripa të nxjerrë lëngje nga lakra.

c) Përsëriteni copëtimin, kriposjen dhe paketimin derisa e gjithë lakra të jetë në enë. Sigurohuni që ajo të jetë mjaft e thellë në mënyrë që buza e saj të jetë të paktën 4 ose 5 inç mbi lakër. Nëse lëngu nuk mbulon lakrën, shtoni shëllirë të zier dhe të ftohur (1-1/2 lugë gjelle kripë për litër ujë).

d) Shtoni pjatën dhe peshat; mbuloni enën me një peshqir të pastër banje.

e) Nëse e peshoni lakrën me një qese të mbushur me shëllirë, mos e shqetësoni enën derisa të përfundojë fermentimi normal (kur të pushojë flluska). Nëse përdorni kavanoza si peshë, do t'ju duhet të kontrolloni lakrën dy deri në tre herë çdo javë dhe të hiqni llumin nëse formohet. Lakra e thatë plotësisht e fermentuar mund të mbahet e mbuluar fort në frigorifer për disa muaj.

f) Hiqni flluskat e ajrit dhe rregulloni hapësirën e kokës nëse është e nevojshme. Fshini buzët e kavanozëve me një peshqir letre të pastër të lagur.

28. Turshi me bukë dhe gjalpë

Përbërësit:
- 6 paund. prej kastravecash turshi 4 deri në 5 inç
- 8 gota qepë të prera hollë
- 1/2 filxhan kripë konservimi ose turshi
- 4 gota uthull (5%)
- 4-1/2 gota sheqer
- 2 lugë fara sinapi
- 1-1/2 lugë farë selino
- 1 lugë shafran i Indisë i bluar
- 1 filxhan gëlqere turshi

Rendimenti: Rreth 8 pintë

Udhëzime:
a) Lani kastravecat. Prisni 1/16 inç nga fundi i lulëzimit dhe hidheni. Pritini në feta 3/16 inç. Kombinoni kastravecat dhe qepët në një tas të madh. Shtoni kripë. Mbulojeni me akull 2 inç të grimcuar ose të prerë në kubikë. Lëreni në frigorifer për 3 deri në 4 orë, duke shtuar më shumë akull sipas nevojës.
b) Kombinoni përbërësit e mbetur në një tenxhere të madhe. Ziejeni 10 minuta. I kullojmë dhe i shtojmë kastravecat dhe qepët dhe e ngrohim ngadalë derisa të vlojnë. Mbushni kavanozët e nxehtë me feta dhe shurup gatimi, duke lënë hapësirë 1/2 inç.
c) Hiqni flluskat e ajrit dhe rregulloni hapësirën e kokës nëse është e nevojshme. Fshini buzët e kavanozëve me një peshqir letre të pastër të lagur.

29. Turshitë e koprës

Përbërësit:
- 8 paund. prej trangujve turshi 3 deri në 5 inç
- 2 litra ujë
- 1-1/4 filxhan kripë konservimi ose turshi
- 1-1/2 litra uthull (5%)
- 1/4 filxhan sheqer
- 2 litra ujë
- 2 lugë gjelle erëz turshi të përziera të plota
- rreth 3 lugë gjelle fara të plota mustardë
- rreth 14 koka kopër të freskët

Rendimenti: Rreth 7 deri në 9 pintë

Udhëzime:

a) Lani kastravecat. Prisni një fetë 1/16 inç të skajit të lulëzimit dhe hidheni, por lini 1/4 inç të kërcellit të ngjitur. Shpërndani 3/4 filxhan kripë në 2 litra ujë. Hidhni kastravecat dhe lërini të qëndrojnë 12 orë. Kullojeni.

b) Kombinoni uthull, 1/2 filxhan kripë, sheqer dhe 2 litra ujë. Shtoni erëza të përziera turshi të lidhura në një leckë të bardhë të pastër. Ngroheni deri në valë. Mbushni kavanoza të nxehta me tranguj.

c) Shtoni 1 lugë çaji farë mustarde dhe 1-1/2 kokë kopër të freskët për litër. Mbulojeni me tretësirë turshi që zien, duke lënë hapësirë 1/2 inç në kokë. Hiqni flluskat e ajrit dhe rregulloni hapësirën e kokës nëse është e nevojshme. Fshini buzët e kavanozëve me një peshqir letre të pastër të lagur.

30. Turshi të ëmbla me tranguj

Përbërësit:

- 7 paund. tranguj (1-1/2 inç ose më pak)
- 1/2 filxhan kripë konservimi ose turshi
- 8 gota sheqer
- 6 gota uthull (5%)
- 3/4 lugë çaji shafran i Indisë
- 2 lugë çaji fara selino
- 2 lugë çaji erëz të përzier turshi
- 2 shkopinj kanelle
- 1/2 lugë çaji kopër (opsionale)
- 2 lugë çaji vanilje (opsionale)

Rendimenti: Rreth 6 deri në 7 pintë

Udhëzime:

a) Lani kastravecat. Prisni një fetë 1/16 inç të skajit të lulëzimit dhe hidheni, por lini 1/4 inç të kërcellit të ngjitur.

b) Vendosni kastravecat në një enë të madhe dhe mbulojini me ujë të valë. Gjashtë deri në 8 orë më vonë, dhe përsëri në ditën e dytë, kullojeni dhe mbulojeni me 6 litra ujë të freskët të valë që përmban 1/4 filxhan kripë. Ditën e tretë kullojini dhe shpojini kastravecat me një pirun tavoline.

c) I bashkojmë dhe i vendosim të vlojnë 3 gota uthull, 3 gota sheqer, shafran i Indisë dhe erëza. Hidhni mbi kastravecat. Gjashtë deri në 8 orë më vonë, kullojeni dhe ruani shurupin për turshi. Shtoni 2 filxhanë të tjerë sheqer dhe uthull dhe ngroheni përsëri për të zier. Hidhni mbi turshi.

d) Ditën e katërt kullojeni dhe ruani shurupin. Shtoni edhe 2 gota sheqer dhe 1 filxhan uthull. Ngroheni deri në valë dhe derdhni mbi turshi. Kullojeni dhe ruajeni shurupin turshi 6 deri në 8 orë më vonë. Shtoni 1 filxhan sheqer dhe 2 lugë çaji vanilje dhe ngroheni derisa të vlojë.

e) Mbushni kavanoza të nxehtë sterile me turshi dhe mbulojeni me shurup të nxehtë, duke lënë hapësirë 1/2 inç.

f) Hiqni flluskat e ajrit dhe rregulloni hapësirën e kokës nëse është e nevojshme. Fshini buzët e kavanozëve me një peshqir letre të pastër të lagur.

31. Turshi të ëmbla 14-ditore

Përbërësit:
- 4 paund. prej trangujve turshi 2 deri në 5 inç
- 3/4 filxhan kripë konservimi ose turshi
- 2 lugë çaji farë selino
- 2 lugë gjelle erëza të përziera turshi
- 5-1/2 gota sheqer
- 4 gota uthull (5%)

Rendimenti: Rreth 5 deri në 9 pintë

Udhëzime:
a) Lani kastravecat. Prisni një fetë 1/16 inç të skajit të lulëzimit dhe hidheni, por lini 1/4 inç të kërcellit të ngjitur. Vendosni kastravecat e plota në një enë të përshtatshme 1 gallon.
b) Shtoni 1/4 filxhan kripë konservimi ose turshi në 2 litra ujë dhe lëreni të ziejë. Hidhni mbi kastravecat. Shtoni mbulesën dhe peshën e përshtatshme.
c) Vendoseni një peshqir të pastër mbi enë dhe mbajeni temperaturën rreth 70°F. Në ditën e tretë dhe të pestë, kullojeni ujin me kripë dhe hidheni. Shpëlajini kastravecat dhe kthejini kastravecat në enë. Shtoni 1/4 filxhani kripë në 2 litra ujë të freskët dhe zieni. Hidhni mbi kastravecat.
d) Zëvendësoni kapakun dhe peshën dhe mbulojeni sërish me peshqir të pastër. Në ditën e shtatë, kullojeni ujin me kripë dhe hidheni. Shpëlajini kastravecat, mbulojeni dhe peshoni.

32. Turshi të shpejta të ëmbla

Përbërësit:

- 8 paund. prej trangujve turshi 3 deri në 4 inç
- 1/3 filxhan kripë konservimi ose turshi
- 4-1/2 gota sheqer
- 3-1/2 gota uthull (5%)
- 2 lugë çaji farë selino
- 1 lugë gjelle erëza të plota
- 2 lugë fara sinapi
- 1 filxhan gëlqere turshi (opsionale)

Rendimenti: Rreth 7 deri në 9 pintë

Udhëzime:

a) Lani kastravecat. Prisni 1/16 inç nga fundi i lulëzimit dhe hidheni, por lini 1/4 inç të kërcellit të ngjitur. Pritini ose prisni në rripa, nëse dëshironi. Vendoseni në enë dhe spërkatni me 1/3 filxhani kripë. Mbulojeni me 2 inç akull të grimcuar ose të prerë në kubikë.

b) Lëreni në frigorifer 3 deri në 4 orë. Shtoni më shumë akull sipas nevojës. Kullojini mirë.

c) Kombinoni sheqerin, uthullën, farën e selinos, specin dhe farën e mustardës në një kazan 6 litra. Ngroheni deri në valë.

d) Paketa e nxehtë - Shtoni kastravecat dhe ngrohni ngadalë derisa tretësira e uthullit të kthehet në valë. Përziejini herë pas here për t'u siguruar që përzierja të nxehet në mënyrë të barabartë. Mbushni kavanoza sterile, duke lënë hapësirë 1/2 inç.

e) Paketa e papërpunuar - Mbushni kavanoza të nxehta, duke lënë hapësirë 1/2 inç. Shtoni shurupin e nxehtë turshi, duke lënë hapësirë 1/2 inç.

f) Hiqni flluskat e ajrit dhe rregulloni hapësirën e kokës nëse është e nevojshme. Fshini buzët e kavanozëve me një peshqir letre të pastër të lagur.

33. Shparg turshi

Përbërësit:
- 10 paund. asparagus
- 6 thelpinj hudhre te medha
- 4-1/2 gota ujë
- 4-1/2 gota uthull të bardhë të distiluar (5%)
- 6 speca të vegjël djegës (opsionale)
- 1/2 filxhan kripë konservimi
- 3 lugë çaji farë kopër

Rendimenti: 6 kavanoza me gojë të gjerë

Udhëzime:
a) Lani shpargujt mirë, por butësisht, nën ujë të rrjedhshëm. Pritini kërcellet nga fundi për të lënë shtiza me maja që futen në kavanozin e konservimit, duke lënë hapësirë më të madhe se 1/2 inç. Qëroni dhe lani thelpinjtë e hudhrës.
b) Vendosni një thelpi hudhër në fund të çdo kavanozi dhe paketoni fort asparagun në kavanoza të nxehta me skajet e hapura poshtë. Në një tenxhere me 8 litra, kombinoni ujin, uthullën, specat djegës (sipas dëshirës), kripën dhe farën e koprës.
c) Lëreni të vlojë. Vendosni një spec djegës (nëse përdoret) në çdo kavanoz mbi shtizat e shpargut. Hidhni shëllirë të vluar turshi mbi shtiza, duke lënë hapësirë 1/2 inç.
d) Hiqni flluskat e ajrit dhe rregulloni hapësirën e kokës nëse është e nevojshme. Fshini buzët e kavanozëve me një peshqir letre të pastër të lagur.

34. Fasule turshi të holluara

Përbërësit:
- 4 paund. fasule të freskëta të buta jeshile ose të verdha
- 8 deri në 16 kokë kopër të freskët
- 8 thelpinj hudhër (opsionale)
- 1/2 filxhan kripë konservimi ose turshi
- 4 gota uthull të bardhë (5%)
- 4 gota ujë
- 1 lugë çaji piper i kuq i nxehtë

Rendimenti: Rreth 8 pintë

Udhëzime:
a) Lani dhe shkurtoni skajet nga fasulet dhe pritini në gjatësi 4 inç. Në çdo kavanoz të nxehtë steril, vendosni 1 deri në 2 koka kopër dhe, nëse dëshironi, 1 thelpi hudhër. Vendosni fasulet e plota drejt në kavanoza, duke lënë hapësirë 1/2 inç.
b) Pritini fasulet për t'u siguruar që është e nevojshme, nëse është e nevojshme. Kombinoni kripë, uthull, ujë dhe thekon piper (nëse dëshironi). Lëreni të vlojë. Shtoni zgjidhje të nxehtë fasuleve, duke lënë hapësirë 1/2 inç.
c) Hiqni flluskat e ajrit dhe rregulloni hapësirën e kokës nëse është e nevojshme. Fshini buzët e kavanozëve me një peshqir letre të pastër të lagur.

35. Sallatë me tre fasule turshi

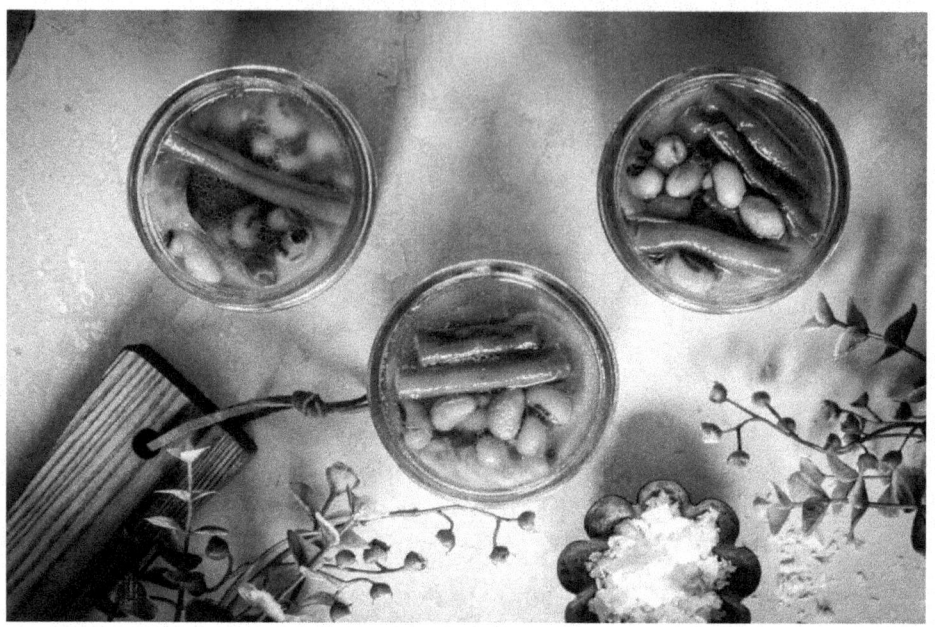

Përbërësit:

- 1-1/2 filxhan fasule jeshile/verdha të zbardhura
- 1-1/2 filxhan fasule të kuqe të konservuara, të kulluara
- 1 filxhan fasule garbanzo të konservuara, të kulluara
- 1/2 filxhan qepë të qëruar dhe të prerë hollë
- 1/2 filxhan selino të prerë dhe të prerë hollë
- 1/2 filxhan speca jeshil të prerë në feta
- 1/2 filxhan uthull të bardhë (5%)
- 1/4 filxhan lëng limoni në shishe
- 3/4 filxhan sheqer
- 1/4 filxhan vaj
- 1/2 lugë çaji kripë konservimi ose turshi
- 1-1/4 gota ujë

Rendimenti: Rreth 5 deri në 6 gjysmë pintë

Udhëzime:

a) Lani dhe këputni skajet e fasuleve të freskëta. Pritini ose këputni në copa 1 deri në 2 inç.

b) Zbardhni 3 minuta dhe ftohuni menjëherë. Lajini fasulet me ujë rubineti dhe kullojini sërish. Përgatitni dhe matni të gjitha perimet e tjera.

c) Bashkoni uthullën, lëngun e limonit, sheqerin dhe ujin dhe lërini të ziejnë. Hiqeni nga zjarri.

d) Shtoni vajin dhe kripën dhe përziejini mirë. Shtoni fasulet, qepët, selinon dhe piper jeshil në tretësirë dhe lërini të ziejnë.

e) Marinoni 12 deri në 14 orë në frigorifer, më pas ngrohni të gjithë përzierjen në një valë. Mbushni kavanoza të nxehta me lëndë të ngurta. Shtoni lëng të nxehtë, duke lënë hapësirë 1/2 inç.

f) Hiqni flluskat e ajrit dhe rregulloni hapësirën e kokës nëse është e nevojshme. Fshini buzët e kavanozëve me një peshqir letre të pastër të lagur.

36. Panxhar turshi

Përbërësit:

- 7 paund. nga panxharët me diametër 2 deri në 2-1/2 inç
- 4 gota uthull (5%)
- 1-1/2 lugë çaji kripë konservimi ose turshi
- 2 gota sheqer
- 2 gota ujë
- 2 shkopinj kanelle
- 12 karafil të tërë
- 4 deri në 6 qepë (diametri 2- deri në 2-1/2 inç),

Rendimenti: Rreth 8 pintë

Udhëzime:

a) Pritini majat e panxharit, duke lënë 1 inç kërcell dhe rrënjë për të parandaluar gjakderdhjen e ngjyrës.

b) Lani tërësisht. Rendit sipas madhësisë. Mbuloni madhësi të ngjashme së bashku me ujë të vluar dhe gatuajeni derisa të zbuten (rreth 25 deri në 30 minuta). Kujdes: Kullojeni dhe hidhni lëngun. Panxharë të ftohtë. Prerja e rrënjëve dhe e kërcellit dhe rrëshqitja e lëkurave. Pritini në feta 1/4 inç. Qëroni dhe prisni hollë qepët.

c) Kombinoni uthull, kripë, sheqer dhe ujë të freskët. Vendosni erëzat në qese me napë dhe shtoni në përzierjen e uthullit. Lëreni të vlojë. Shtoni panxharin dhe qepët. Ziej 5 minuta. Hiqni qesen me erëza.

d) Mbushni kavanozët e nxehtë me panxhar dhe qepë, duke lënë hapësirë 1/2 inç. Shtoni zgjidhje të nxehtë uthull, duke lejuar hapësirë 1/2 inç.

e) Hiqni flluskat e ajrit dhe rregulloni hapësirën e kokës nëse është e nevojshme. Fshini buzët e kavanozëve me një peshqir letre të pastër të lagur.

37. Karota turshi

Përbërësit:
- 2-3/4 paund. karota të qëruara
- 5-1/2 gota uthull të bardhë (5%)
- 1 gotë ujë
- 2 gota sheqer
- 2 lugë çaji kripë konservimi
- 8 lugë çaji farë mustarde
- 4 lugë çaji fara selino

Rendimenti: Rreth 4 pintë

Udhëzime:
- Lani dhe qëroni karotat. Pritini në rrumbullakët që janë afërsisht 1/2-inç të trashë.
- Kombinoni uthullën, ujin, sheqerin dhe kripën e konservimit në një furrë holandeze ose tenxhere 8 litra. Lëreni të vlojë dhe ziej 3 minuta. Shtoni karotat dhe kthejini të ziejnë. Më pas zvogëloni nxehtësinë në zierje dhe ngrohni derisa të gatuhet gjysmë (rreth 10 minuta).
- Ndërkohë, vendosni 2 lugë çaji farë mustarde dhe 1 lugë çaji farë selino në çdo kavanoz bosh të nxehtë. Mbushni kavanoza me karota të nxehta, duke lënë hapësirë 1 inç. Mbushni me lëng të nxehtë turshi, duke lënë hapësirë 1/2 inç.
- Hiqni flluskat e ajrit dhe rregulloni hapësirën e kokës nëse është e nevojshme. Fshini buzët e kavanozëve me një peshqir letre të pastër të lagur.

38. Lulelakra turshi/Bruksel

Përbërësit:

- 12 gota me lulelakër 1 deri në 2 inç ose lakra të vogla Brukseli
- 4 gota uthull të bardhë (5%)
- 2 gota sheqer
- 2 gota qepë të prera hollë
- 1 filxhan speca të kuq të ëmbël të prerë në kubikë
- 2 lugë fara sinapi
- 1 lugë gjelle farë selino
- 1 lugë çaji shafran i Indisë
- 1 lugë çaji piper i kuq i nxehtë liqeni

Rendimenti: Rreth 9 gjysmë pintë

Udhëzime:

a) Lani lulelakrën ose lakrat e Brukselit dhe ziejini në ujë të kripur (4 lugë çaji kripë konservimi për gallon ujë) për 3 minuta për lulelakrën dhe 4 minuta për lakrat e Brukselit. Kullojeni dhe ftohuni.

b) Kombinoni uthullën, sheqerin, qepën, specin e kuq të prerë në kubikë dhe erëzat në një tenxhere të madhe. Lëreni të vlojë dhe ziejini për 5 minuta.

c) Shpërndani qepën dhe piperin e prerë në kubikë nëpër kavanoza. Mbushni kavanozët e nxehtë me copa dhe zgjidhje turshi, duke lënë hapësirë 1/2 inç në kokë.

d) Hiqni flluskat e ajrit dhe rregulloni hapësirën e kokës nëse është e nevojshme. Fshini buzët e kavanozëve me një peshqir letre të pastër të lagur.

39. Chayote dhe jicama slaw

Përbërësit:

- 4 filxhanë jicama julienned
- 4 filxhanë kajotë të pjekur
- 2 gota piper zile të kuq të copëtuar
- 2 speca djegës të grirë
- 2-1/2 gota ujë
- 2-1/2 gota uthull musht (5%)
- 1/2 filxhan sheqer të bardhë
- 3-1/2 lugë çaji kripë konservimi
- 1 lugë çaji farë selino (opsionale)

Rendimenti: Rreth 6 gjysmë pintë

Udhëzime:

a) Kujdes: Vishni doreza plastike ose gome dhe mos e prekni fytyrën gjatë trajtimit ose prerjes së specave djegës. Nëse nuk vishni doreza, lani duart tërësisht me sapun dhe ujë përpara se të prekni fytyrën ose sytë.

b) Lani, qëroni dhe holloni julienne jicama dhe chayote, duke hedhur farën e kajotës. Në një furrë holandeze ose tenxhere me 8 litra, kombinoni të gjithë përbërësit përveç kajotës. Lëreni të vlojë dhe ziej për 5 minuta.

c) Ulni nxehtësinë në zierje dhe shtoni kajotë. Lëreni të ziejë dhe më pas ndizni nxehtësinë. Mbushni lëndët e ngurta në kavanoza të nxehta gjysmë pinte, duke lënë hapësirë 1/2 inç.

d) Mbulojeni me lëng gatimi të vluar, duke lënë hapësirë 1/2 inç.

e) Hiqni flluskat e ajrit dhe rregulloni hapësirën e kokës nëse është e nevojshme. Fshini buzët e kavanozëve me një peshqir letre të pastër të lagur.

40. Jicama turshi me bukë e gjalpë

Përbërësit:

- 14 gota xhicama në kubikë
- 3 gota qepë të prera hollë
- 1 filxhan piper i kuq i kuq i grire
- 4 gota uthull të bardhë (5%)
- 4-1/2 gota sheqer
- 2 lugë fara sinapi
- 1 lugë gjelle farë selino
- 1 lugë çaji shafran i Indisë i bluar

Rendimenti: Rreth 6 pintë

Udhëzime:

a) Kombinoni uthullën, sheqerin dhe erëzat në një furrë holandeze 12 litra ose një tenxhere të madhe. Përziejini dhe lëreni të vlojë. I përziejmë xhicamën e përgatitur, fetat e qepës dhe specin e kuq. Kthejeni në një valë, zvogëloni nxehtësinë dhe ziejini për 5 minuta. Përziejini herë pas here.

b) Mbushni lëndët e ngurta të nxehta në kavanoza të nxehta, duke lënë hapësirë 1/2 inç. Mbulojeni me lëng gatimi të vluar, duke lënë hapësirë 1/2 inç.

c) Hiqni flluskat e ajrit dhe rregulloni hapësirën e kokës nëse është e nevojshme. Fshini buzët e kavanozëve me një peshqir letre të pastër të lagur.

41. Kërpudha të tëra të marinuara

Përbërësit:
- 7 paund. kërpudha të vogla të plota
- 1/2 filxhan lëng limoni në shishe
- 2 gota vaj ulliri ose sallate
- 2-1/2 gota uthull të bardhë (5%)
- 1 lugë gjelle gjethe rigon
- 1 lugë gjelle gjethe borziloku të thata
- 1 lugë gjelle kripë konservimi ose turshi
- 1/2 filxhan qepë të copëtuara
- 1/4 filxhan pimiento të prerë në kubikë
- 2 thelpinj hudhra, të prera në katërsh
- 25 kokrra piper te zi

Rendimenti: Rreth 9 gjysmë pintë

Udhëzime:
a) Zgjidhni kërpudha shumë të freskëta të pahapura me kapak më pak se 1-1/4 inç në diametër. Lani. Pritini kërcellet, duke lënë 1/4 inç të ngjitur në kapak. Shtoni lëng limoni dhe ujë për të mbuluar. Lëreni të vlojë. Ziej 5 minuta. Kulloni kërpudhat.
b) Përzieni në një tenxhere vajin e ullirit, uthullën, rigonin, borzilokun dhe kripën. Përziejini qepët dhe pimiento dhe ngrohini derisa të vlojnë.
c) Vendosni 1/4 thelpi hudhër dhe 2-3 kokrra piper në një kavanoz me gjysmë litër. Mbushni kavanoza të nxehta me kërpudha dhe tretësirë vaji/uthull të përzier mirë, duke lënë hapësirë 1/2 inç.
d) Hiqni flluskat e ajrit dhe rregulloni hapësirën e kokës nëse është e nevojshme. Fshini buzët e kavanozëve me një peshqir letre të pastër të lagur.

42. Bamje turshi me kopër

Përbërësit

- 7 paund. bishtaja të vogla bamje
- 6 speca djegës të vegjël
- 4 lugë çaji farë kopër
- 8 deri në 9 thelpinj hudhër
- 2/3 filxhan kripë konservimi ose turshi
- 6 gota ujë
- 6 gota uthull (5%)

Rendimenti: Rreth 8 deri në 9 pintë

Udhëzime:

- Lani dhe shkurtoni bamjet. Mbushni kavanozët e nxehtë fort me bamje të plota, duke lënë hapësirë 1/2 inç. Vendosni 1 thelpi hudhër në çdo kavanoz.
- Kombinoni kripën, specat djegës, farën e koprës, ujin dhe uthullën në një tenxhere të madhe dhe lërini të ziejnë. Hidhni zgjidhje të nxehtë turshi mbi bamjet, duke lënë hapësirë 1/2 inç.
- Hiqni flluskat e ajrit dhe rregulloni hapësirën e kokës nëse është e nevojshme. Fshini buzët e kavanozëve me një peshqir letre të pastër të lagur.

43. Qepë perla turshi

Përbërësit:
- 8 gota qepë perla të bardha të qëruara
- 5-1/2 gota uthull të bardhë (5%)
- 1 gotë ujë
- 2 lugë çaji kripë konservimi
- 2 gota sheqer
- 8 lugë çaji farë mustarde
- 4 lugë çaji fara selino

Rendimenti: Rreth 3 deri në 4 pintë

Udhëzime:
a) Për të qëruar qepët, vendosini disa nga një në një kosh me rrjetë teli ose sitë, zhyteni në ujë të vluar për 30 sekonda, më pas hiqeni dhe vendosini në ujë të ftohtë për 30 sekonda. Prisni një fetë 1/16 inç nga fundi i rrënjës, dhe më pas hiqni lëvozhgën dhe prisni 1/16 inç nga skaji tjetër i qepës.
b) Kombinoni uthullën, ujin, kripën dhe sheqerin në një furrë holandeze ose tenxhere me 8 litra. Lëreni të vlojë dhe ziej 3 minuta.
c) Shtoni qepët e qëruara dhe lërini të ziejnë përsëri. Ulni nxehtësinë në një zjarr të ngadaltë dhe ngroheni derisa të gatuhet gjysmë (rreth 5 minuta).
d) Ndërkohë, vendosni 2 lugë çaji fara mustardë dhe 1 lugë çaji fara selino në çdo kavanoz të nxehtë të zbrazët. Mbushni me qepë të nxehta, duke lënë hapësirë 1 inç. Mbushni me lëng të nxehtë turshi, duke lënë hapësirë 1/2 inç.
e) Hiqni flluskat e ajrit dhe rregulloni hapësirën e kokës nëse është e nevojshme. Fshini buzët e kavanozëve me një peshqir letre të pastër të lagur.

44. Speca të marinuar

Përbërësit:
- Zile, hungareze, banane ose jalapeño
- 4 paund. speca të fortë
- 1 filxhan lëng limoni në shishe
- 2 gota uthull të bardhë (5%)
- 1 lugë gjelle gjethe rigon
- 1 filxhan vaj ulliri ose sallate
- 1/2 filxhan qepë të copëtuara
- 2 thelpinj hudhër, të prera në katër pjesë (sipas dëshirës)
- 2 lugë gjelle rrikë të përgatitur (opsionale)

Rendimenti: Rreth 9 gjysmë pintë

Udhëzime:
a) Zgjidhni specin tuaj të preferuar. Kujdes: Nëse zgjidhni speca djegës, vishni doreza plastike ose gome dhe mos e prekni fytyrën gjatë trajtimit ose prerjes së specave djegës.
b) Lani, prisni dy deri në katër të çara në secilin spec dhe zbardhni me ujë të vluar ose lëkurat e flluskave mbi specat djegës me lëkurë të ashpër duke përdorur një nga këto dy metoda:
c) Metoda e furrës ose e brojlerit për të krijuar lëkurat me flluskë – Vendosini specat në një furrë të nxehtë (400°F) ose nën një brojler për 6 deri në 8 minuta derisa lëkurat të marrin flluska.
d) Metoda me rreze të lartë për lëkurat me flluska – Mbuloni djegësin e nxehtë (qoftë me gaz ose elektrike) me rrjetë teli të rëndë.
e) Vendosini specat në zjarr për disa minuta derisa lëkura të marrë flluska.
f) Pasi të keni krijuar flluska, vendosni specat në një tigan dhe mbulojeni me një leckë të lagur. (Kjo do ta bëjë më të lehtë qërimin e specave.) Ftoheni disa minuta; lëkura e lëkurave. Rrafshoni specat e plota.
g) Përziejini të gjithë përbërësit e mbetur në një tenxhere dhe ngrohni deri në valë. Vendosni 1/4 thelpi hudhër (opsionale) dhe 1/4 lugë çaji kripë në çdo kavanoz të nxehtë gjysmë litër

ose 1/2 lugë çaji për litër. Mbushni kavanoza të nxehtë me speca. Shtoni speca të nxehtë, të përzier mirë zgjidhje vaji/turshi, duke lënë hapësirë 1/2 inç.

h) Hiqni flluskat e ajrit dhe rregulloni hapësirën e kokës nëse është e nevojshme. Fshini buzët e kavanozëve me një peshqir letre të pastër të lagur.

45. Specat turshi

Përbërësit:
- 7 paund. speca zile
- 3-1/2 gota sheqer
- 3 gota uthull (5%)
- 3 gota ujë
- 9 thelpinj hudhër
- 4-1/2 lugë çaji kripë konservimi ose turshi

Rendimenti: Rreth 9 pintë

Udhëzime:

a) Lani specat, pritini në katërsh, hiqni bërthamat dhe farat dhe hiqni çdo defekt. Pritini specat në rripa. Zieni sheqerin, uthullën dhe ujin për 1 minutë.

b) Shtoni specat dhe lërini të ziejnë. Vendosni 1/2 thelpi hudhër dhe 1/4 lugë çaji kripë në çdo kavanoz të nxehtë steril gjysmë litër; dyfishoni sasinë për kavanoza pintë.

c) Shtoni shirita piper dhe mbulojeni me përzierje të nxehtë uthull, duke lënë 1/2-inç

46. Specat djegës turshi

Përbërësit:
- hungareze, banane, kili, jalapeño
- 4 paund. speca të nxehtë të gjatë të kuq, jeshil ose të verdhë
- 3 paund. speca të ëmbël të kuq dhe jeshil, të përzier
- 5 gota uthull (5%)
- 1 gotë ujë
- 4 lugë çaji kripë konservimi ose turshi
- 2 lugë sheqer
- 2 thelpinj hudhra

Rendimenti: Rreth 9 pintë

Udhëzime:

a) Kujdes: Vishni doreza plastike ose gome dhe mos e prekni fytyrën gjatë trajtimit ose prerjes së specave djegës. Nëse nuk vishni doreza, lani duart tërësisht me sapun dhe ujë përpara se të prekni fytyrën ose sytë.

b) Lani specat. Nëse specat e vegjël lihen të tëra, prisni 2 deri në 4 të çara në secilën. çerek speca të mëdhenj.

c) Zbardhni në ujë të vluar ose lëkurat e flluskave mbi specat djegës me lëkurë të ashpër duke përdorur një nga këto dy metoda:

d) Metoda e furrës ose e brojlerit për të krijuar lëkurat me flluskë – Vendosini specat në një furrë të nxehtë (400°F) ose nën një brojler për 6 deri në 8 minuta derisa lëkurat të marrin flluska.

e) Metoda me rreze të lartë për lëkurat me flluska – Mbuloni djegësin e nxehtë (qoftë me gaz ose elektrike) me rrjetë teli të rëndë.

f) Vendosini specat në zjarr për disa minuta derisa lëkura të marrë flluska.

g) Pasi të keni krijuar flluska, vendosni specat në një tigan dhe mbulojeni me një leckë të lagur. (Kjo do ta bëjë më të lehtë qërimin e specave.) Ftoheni disa minuta; lëkura e lëkurave. Rrafshoni specat e vegjël. çerek speca të mëdhenj. Mbushni kavanoza të nxehtë me speca, duke lënë hapësirë 1/2 inç.

h) Kombinoni dhe ngrohni përbërësit e tjerë deri në valë dhe ziejini për 10 minuta. Hiqni hudhrën. Shtoni tretësirë të nxehtë turshi mbi specat, duke lënë hapësirë 1/2 inç.

i) Hiqni flluskat e ajrit dhe rregulloni hapësirën e kokës nëse është e nevojshme. Fshini buzët e kavanozëve me një peshqir letre të pastër të lagur.

47. <u>Unaza piper turshi jalapeño</u>

Përbërësit:

- 3 paund. speca jalapeño
- 1-1/2 gota gëlqere turshi
- 1-1/2 litra ujë
- 7-1/2 gota uthull musht (5%)
- 1-3/4 gota ujë
- 2-1/2 lugë gjelle kripë konservimi
- 3 lugë fara selino
- 6 lugë fara mustarde

Rendimenti: rreth 6 litra kavanoza

Udhëzime:

- Kujdes: Vishni doreza plastike ose gome dhe mos e prekni fytyrën gjatë trajtimit ose prerjes së specave djegës.
- Lani mirë specat dhe pritini në feta 1/4 inç të trasha. Hidhni fundin e kërcellit.
- Përzieni 1-1/2 gota gëlqere turshi me 1-1/2 gallon ujë në një enë plastike inox, qelqi ose ushqimore. Shmangni thithjen e pluhurit të gëlqeres gjatë përzierjes së tretësirës gëlqere-ujë.
- Zhytini fetat e specit në ujin e gëlqeres, në frigorifer, për 18 orë, duke i përzier herë pas here (mund të përdoren 12 deri në 24 orë). Kullojeni tretësirën e gëlqeres nga unazat e njomura të specit.
- Shpëlajini specat butësisht, por tërësisht me ujë. I mbulojmë unazat e specit me ujë të freskët të ftohtë dhe i vendosim në frigorifer për 1 orë. Kulloni ujin nga specat. Përsëritni hapat e shpëlarjes, njomjes dhe kullimit edhe dy herë të tjera. Kullojini mirë në fund.
- Vendosni 1 lugë gjelle farë mustarde dhe 1-1/2 lugë çaji farë selino në fund të çdo kavanozi të nxehtë. Paketoni unazat e piperit të kulluar në kavanoza, duke lënë hapësirë 1/2 inç. Sillni uthull mushti, 1-3/4 gota ujë dhe kripë konservimi në zjarr të fortë. Hidhni solucionin e zier me shëllirë të nxehtë mbi unazat e piperit në kavanoza, duke lënë hapësirë 1/2 inç.
- Hiqni flluskat e ajrit dhe rregulloni hapësirën e kokës nëse është e nevojshme. Fshini buzët e kavanozëve me një peshqir letre të pastër të lagur.

48. Unaza piper të verdhë turshi

Përbërësit:

- 2-1/2 deri në 3 paund. speca të verdhë (banane).
- 2 lugë fara selino
- 4 lugë fara mustarde
- 5 gota uthull musht (5%)
- 1-1/4 gota ujë
- 5 lugë çaji kripë konservimi

Rendimenti: Kavanoza rreth 4 pintë

Udhëzime:

a) Lani mirë specat dhe hiqni fundin e kërcellit; Pritini specat në unaza të trasha 1/4 inç. Vendosni 1/2 lugë gjelle farë selino dhe 1 lugë gjelle farë mustarde në fund të çdo kavanozi të nxehtë të zbrazët.

b) Mbushni unazat e piperit në kavanoza, duke lënë hapësirë 1/2 inç në kokë. Në një furrë ose tenxhere holandeze 4 litra, bashkoni uthullën e mushtit, ujin dhe kripën; ngrohjes deri në valë. Mbuloni unazat e piperit me lëng turshi të vluar, duke lënë hapësirë 1/2 inç.

c) Hiqni flluskat e ajrit dhe rregulloni hapësirën e kokës nëse është e nevojshme. Fshini buzët e kavanozëve me një peshqir letre të pastër të lagur.

49. <u>Domate të ëmbla jeshile turshi</u>

Përbërësit:
- 10 deri në 11 paund. e domateve jeshile
- 2 gota qepë të prera në feta
- 1/4 filxhan kripë konservimi ose turshi
- 3 gota sheqer kaf
- 4 gota uthull (5%)
- 1 lugë gjelle farë mustarde
- 1 lugë gjelle me aromë
- 1 lugë gjelle farë selino
- 1 lugë gjelle karafil të plotë

Rendimenti: Rreth 9 pintë

Udhëzime:
a) Lani dhe prisni domatet dhe qepët. Vendoseni në enë, spërkatni me 1/4 filxhani kripë dhe lëreni të qëndrojë 4 deri në 6 orë. Kullojeni. Ngroheni dhe përzieni sheqerin në uthull derisa të tretet.
b) Lidhni farat e mustardës, specin, farën e selinos dhe karafilin në një qese me erëza. Shtoni në uthull me domate dhe qepë. Nëse është e nevojshme, shtoni minimalisht ujë për të mbuluar copat. Lërini të vlojnë dhe ziejini për 30 minuta, duke e përzier sipas nevojës për të parandaluar djegien. Domatet duhet të jenë të buta dhe transparente kur gatuhen siç duhet.
c) Hiqni qesen me erëza. Mbushni kavanozin e nxehtë me lëndë të ngurta dhe mbulojeni me tretësirë të nxehtë turshi, duke lënë hapësirë 1/2 inç.
d) Hiqni flluskat e ajrit dhe rregulloni hapësirën e kokës nëse është e nevojshme. Fshini buzët e kavanozëve me një peshqir letre të pastër të lagur.

50. Perime të përziera turshi

Përbërësit:

- 4 paund. prej kastravecash turshi 4 deri në 5 inç
- 2 paund. qepë të vogla të qëruara dhe të prera në katër pjesë
- 4 gota selino të prera (copa 1 inç)
- 2 gota karota të qëruara dhe të prera (copa 1/2 inç)
- 2 gota speca të kuq të ëmbël të prerë (copë 1/2 inç)
- 2 gota lulelakër
- 5 gota uthull të bardhë (5%)
- 1/4 filxhan mustardë të përgatitur
- 1/2 filxhan kripë konservimi ose turshi
- 3-1/2 gota sheqer
- 3 lugë fara selino
- 2 lugë fara sinapi
- 1/2 lugë çaji karafil të plotë
- 1/2 lugë çaji shafran i Indisë i bluar

Rendimenti: Rreth 10 pintë

Udhëzime:

a) Kombinoni perimet, mbuloni me 2 inç akull të grimcuar ose të grimcuar dhe vendoseni në frigorifer 3 deri në 4 orë. Në një kazan 8 litra, bashkoni uthullën dhe mustardën dhe përzieni mirë. Shtoni kripën, sheqerin, farën e selinos, farën e mustardës, karafilin, shafranin e Indisë. Lëreni të vlojë. Kulloni perimet dhe shtoni në tretësirën e nxehtë të turshive.

b) Mbulojeni dhe ngadalë lëreni të vlojë. Kullojini perimet, por kurseni tretësirën turshi. Mbushni perimet në kavanoza të nxehta sterile, ose litra të nxehtë, duke lënë hapësirë 1/2 inç. Shtoni tretësirën turshi, duke lënë hapësirë 1/2 inç.

c) Hiqni flluskat e ajrit dhe rregulloni hapësirën e kokës nëse është e nevojshme. Fshini buzët e kavanozëve me një peshqir letre të pastër të lagur.

51. Kungull i njomë me bukë turshi

Përbërësit:
- 16 filxhanë kunguj të njomë të freskët, të prerë në feta
- 4 gota qepë, të prera hollë
- 1/2 filxhan kripë konservimi ose turshi
- 4 gota uthull të bardhë (5%)
- 2 gota sheqer
- 4 lugë fara mustarde
- 2 lugë fara selino
- 2 lugë çaji shafran i Indisë i bluar

Rendimenti: Rreth 8 deri në 9 pintë

Udhëzime:
c) Mbuloni fetat e kungujve dhe qepëve me 1 inç ujë dhe kripë. Lëreni të qëndrojë 2 orë dhe kullojeni mirë. Kombinoni uthull, sheqer dhe erëza. Lërini të ziejnë dhe shtoni kungull i njomë dhe qepë. Ziejini 5 minuta dhe kavanozët e nxehtë me përzierje dhe tretësirë turshi, duke lënë hapësirë 1/2 inç.

d) Hiqni flluskat e ajrit dhe rregulloni hapësirën e kokës nëse është e nevojshme. Fshini buzët e kavanozëve me një peshqir letre të pastër të lagur.

52. Shija e kajotës dhe dardhës

Përbërësit:

- 3-1/2 filxhanë kajotë të qëruar, të prerë në kubikë
- 3-1/2 gota dardha Seckel të qëruara, të prera në kubikë
- 2 gota piper zile të kuq të copëtuar
- 2 gota piper të verdhë të grirë
- 3 gota qepë të grira
- 2 speca Serrano, të grira
- 2-1/2 gota uthull musht (5%)
- 1-1/2 gota ujë
- 1 filxhan sheqer të bardhë
- 2 lugë çaji kripë konservimi
- 1 lugë çaji spec i grirë
- 1 lugë çaji erëz byreku me kungull të bluar

Rendimenti: Kavanoza rreth 5 pintë

Udhëzime:

a) Lani, qëroni dhe prisni kajotën dhe dardhat në kube 1/2 inç, duke i hedhur bërthamat dhe farat. Pritini qepët dhe specat. Kombinoni uthullën, ujin, sheqerin, kripën dhe erëzat në një furrë holandeze ose tenxhere të madhe. Lëreni të vlojë, duke e trazuar për të tretur sheqerin.

b) Shtoni qepë dhe speca të copëtuara; kthejeni në valë dhe ziejini për 2 minuta duke e përzier herë pas here.

c) Shtoni kajotë në kubikë dhe dardha; kthejeni në pikën e vlimit dhe fikni zjarrin. Mbushni lëndët e ngurta të nxehta në kavanoza të nxehta, duke lënë hapësirë 1 inç. Mbulojeni me lëng gatimi të vluar, duke lënë hapësirë 1/2 inç në kokë.

d) Hiqni flluskat e ajrit dhe rregulloni hapësirën e kokës nëse është e nevojshme. Fshini buzët e kavanozëve me një peshqir letre të pastër të lagur.

53. Pikalili

Përbërësit:

- 6 gota domate jeshile të copëtuara
- 1-1/2 filxhan speca të kuq të ëmbël të copëtuar
- 1-1/2 filxhan speca jeshil të grirë
- 2-1/4 gota qepë të copëtuara
- 7-1/2 gota lakër të copëtuar
- 1/2 filxhan kripë konservimi ose turshi
- 3 lugë gjelle erëz turshi të përziera të plota
- 4-1/2 gota uthull (5%)
- 3 gota sheqer kaf

Rendimenti: Rreth 9 gjysmë pintë

Udhëzime:

a) Lani, copëtoni dhe kombinoni perimet me 1/2 filxhan kripë. Mbulojeni me ujë të nxehtë dhe lëreni të qëndrojë për 12 orë. Kullojeni dhe shtypni në një leckë të bardhë të pastër për të hequr të gjithë lëngun e mundshëm. Lidhni erëzat lirshëm në një qese me erëza dhe shtoni në uthull të kombinuar dhe sheqer kaf dhe ngrohni në një tigan.

b) Shtoni perimet dhe ziejini butësisht për 30 minuta ose derisa vëllimi i përzierjes të pakësohet përgjysmë. Hiqni qesen me erëza.

c) Mbushni kavanoza të nxehta sterile, me përzierje të nxehtë, duke lënë hapësirë 1/2 inç.

d) Hiqni flluskat e ajrit dhe rregulloni hapësirën e kokës nëse është e nevojshme. Fshini buzët e kavanozëve me një peshqir letre të pastër të lagur.

54. Kënaqësi turshi

Përbërësit:

- 3 litra kastraveca të copëtuara
- 3 gota secila me speca jeshil dhe të kuq të copëtuar
- 1 filxhan qepe te grira
- 3/4 filxhan kripë konservimi ose turshi
- 4 gota akull
- 8 gota ujë
- 2 gota sheqer
- 4 lugë çaji secila me fara sinapi, shafran i Indisë, spec i plotë dhe karafil të plotë
- 6 gota uthull të bardhë (5%)

Rendimenti: Rreth 9 pintë

Udhëzime:

a) Shtoni kastravecat, specat, qepët, kripën dhe akullin në ujë dhe lërini të qëndrojnë për 4 orë. Kullojini dhe mbulojini perimet me ujë të freskët me akull për një orë tjetër. Kullojeni përsëri.

b) Kombinoni erëzat në një qese me erëza ose napë. Shtoni erëza në sheqer dhe uthull. Ngroheni deri në valë dhe derdhni përzierjen mbi perime.

c) Mbulojeni dhe vendoseni në frigorifer për 24 orë. Ngroheni përzierjen deri në valë dhe keq të nxehtë në kavanoza të nxehtë, duke lënë hapësirë 1/2 inç.

d) Hiqni flluskat e ajrit dhe rregulloni hapësirën e kokës nëse është e nevojshme. Fshini buzët e kavanozëve me një peshqir letre të pastër të lagur.

55. Shije misri turshi

Përbërësit:
- 10 gota misër të freskët me kokërr të plotë
- 2-1/2 gota speca të kuq të ëmbël të prerë në kubikë
- 2-1/2 gota speca jeshil të prerë në kubikë
- 2-1/2 filxhanë selino të copëtuar
- 1-1/4 gota qepë të prera në kubikë
- 1-3/4 gota sheqer
- 5 gota uthull (5%)
- 2-1/2 lugë gjelle kripë konservimi ose turshi
- 2-1/2 lugë çaji farë selino
- 2-1/2 lugë mustardë e thatë
- 1-1/4 lugë çaji shafran i Indisë

Rendimenti: Rreth 9 pintë

Udhëzime:
a) Ziejini kallinjtë e misrit 5 minuta. Zhyteni në ujë të ftohtë. Pritini kokrrat e tëra nga kalli ose përdorni gjashtë pako misri të ngrirë 10 ons.
b) Kombinoni specat, selinon, qepët, sheqerin, uthullën, kripën dhe farat e selinos në një tenxhere.
c) Lëreni të vlojë dhe ziej për 5 minuta, duke e përzier herë pas here. Përzieni mustardën dhe shafranin e Indisë në 1/2 filxhan të përzierjes së zier. Shtoni këtë përzierje dhe misrin në përzierjen e nxehtë.
d) Ziejini edhe 5 minuta të tjera. Mbushni kavanoza të nxehtë me përzierje të nxehtë, duke lënë hapësirë 1/2 inç.
e) Hiqni flluskat e ajrit dhe rregulloni hapësirën e kokës nëse është e nevojshme. Fshini buzët e kavanozëve me një peshqir letre të pastër të lagur.

56. Kënaqësi me domate jeshile turshi

Përbërësit:

- 10 paund. domate të vogla jeshile të forta
- 1-1/2 paund. speca zile të kuqe
- 1-1/2 paund. speca zile jeshile
- 2 paund. qepët
- 1/2 filxhan kripë konservimi ose turshi
- 1-litër ujë
- 4 gota sheqer
- 1 liter uthull (5%)
- 1/3 filxhan mustardë të verdhë të përgatitur
- 2 lugë niseshte misri

Rendimenti: Rreth 7 deri në 9 pintë

Udhëzime:

a) Lani dhe grijini në rende ose copëtoni domatet, specat dhe qepët. Shpërndani kripën në ujë dhe hidhni perimet në një kazan të madh.

b) Ngroheni deri në valë dhe ziejini për 5 minuta. Kullojeni në kullesë. Kthejini perimet në kazan.

c) Shtoni sheqer, uthull, mustardë dhe niseshte misri. I trazojmë që të përzihen. Ngroheni deri në valë dhe ziejini për 5 minuta.

d) Mbushni kavanoza të nxehtë sterile me një shije të nxehtë, duke lënë hapësirë 1/2 inç.

e) Hiqni flluskat e ajrit dhe rregulloni hapësirën e kokës nëse është e nevojshme. Fshini buzët e kavanozëve me një peshqir letre të pastër të lagur.

57. Salcë rrikë turshi

Përbërësit:
- 2 gota (3/4 lb.) rrikë të sapo grirë
- 1 filxhan uthull të bardhë (5%)
- 1/2 lugë çaji kripë konservimi ose turshi
- 1/4 lugë çaji pluhur acid askorbik

Udhëzime:
a) Ethtësia e rrikës së freskët zbehet brenda 1 deri në 2 muaj, edhe kur ruhet në frigorifer. Prandaj, bëni vetëm sasi të vogla në të njëjtën kohë.
b) Lani rrënjët e rrikë tërësisht dhe zhvisheni lëkurën e jashtme kafe. Rrënjët e qëruara mund të grihen në një përpunues ushqimi ose të priten në kubikë të vegjël dhe të futen në një mulli ushqimi.
c) Përziejini përbërësit në kavanoza sterile, duke lënë hapësirë 1/4 inç.
d) Mbyllni kavanozët fort dhe ruajini në frigorifer.

58. Piper turshi-qepë shije

Përbërësit:

- 6 gota qepë të grira
- 3 gota speca të kuq të ëmbël të copëtuar
- 3 gota speca jeshil të grirë
- 1-1/2 gota sheqer
- 6 gota uthull (5%), mundësisht e bardhë e distiluar
- 2 lugë gjelle kripë konservimi ose turshi

Rendimenti: Rreth 9 gjysmë pintë

Udhëzime:

a) Lani dhe copëtoni perimet. Kombinoni të gjithë përbërësit dhe ziejini butësisht derisa masa të trashet dhe vëllimi të zvogëlohet për gjysmë (rreth 30 minuta).

b) Mbushni kavanoza të nxehta sterile me shije të nxehtë, duke lënë hapësirë 1/2 inç dhe mbyllini fort.

c) Ruajeni në frigorifer dhe përdorni brenda një muaji.

59. Kënaqësi pikante jicama

Përbërësit:

- 9 gota xhicama të prera në kubikë
- 1 lugë gjelle erëz turshi të përzier
- 1 kanellë me shkop dy inç
- 8 gota uthull të bardhë (5%)
- 4 gota sheqer
- 2 lugë çaji piper i kuq i grimcuar
- 4 gota piper zile të prerë në kubikë
- 4-1/2 gota piper i kuq i prerë në kubikë
- 4 gota qepë të grira
- 2 speca djegës të freskët

Rendimenti: rreth 7 pintë kavanoza

Udhëzime:

a) Kujdes: Vishni doreza plastike ose gome dhe mos e prekni fytyrën gjatë trajtimit ose prerjes së specave djegës. Lani, qëroni dhe shkurtoni jicama; zare.

b) Vendosni erëzën e turshive dhe kanellën në një copë napë të pastër, me dy shtresa, 6 inç katror me napë 100% pambuk.

c) Bashkojini qoshet dhe lidheni me një fije të pastër.

d) Në një furrë ose tenxhere holandeze me 4 litra, kombinoni qesen me erëza turshi, uthull, sheqer dhe piper të kuq të grimcuar. Lëreni të vlojë, duke e trazuar për të tretur sheqerin. Përziejini xhicamën e prerë në kubikë, specat e ëmbël, qepën dhe pikat me gishta. Kthejeni përzierjen në valë.

e) Ulni nxehtësinë dhe ziejini, të mbuluara, mbi nxehtësinë mesatare-të ulët për rreth 25 minuta. Hidhni qesen me erëza. Plotësoni shijet në kavanoza të nxehtë, duke lënë hapësirë 1/2 inç. Mbulojeni me lëng të nxehtë turshi, duke lënë hapësirë 1/2 inç.

f) Hiqni flluskat e ajrit dhe rregulloni hapësirën e kokës nëse është e nevojshme. Fshini buzët e kavanozëve me një peshqir letre të pastër të lagur.

60. Kënaqësi me domate të mprehta

Përbërësit:
- 12 gota domate të grira
- 3 gota xhicama të copëtuara
- 3 gota qepë të grira
- 6 gota domate të copëtuara të llojit kumbulle
- 1-1/2 filxhan piper jeshil i grirë
- 1-1/2 filxhan piper të kuq të copëtuar
- 1-1/2 filxhan piper zile të verdhë të copëtuar
- 1 filxhan kripë konservimi
- 2 litra ujë
- 6 lugë gjelle erëz turshi të përziera të plota
- 1 lugë gjelle thekon spec të kuq të grimcuar (opsionale)
- 6 gota sheqer
- 6-1/2 gota uthull musht (5%)

Rendimenti: Rreth 6 ose 7 pintë

Udhëzime:

a) Hiqni lëvozhgat e domatileve dhe lajini mirë. Qëroni jicamën dhe qepën. Lani mirë të gjitha perimet përpara se t'i prisni dhe copëtoni.

b) Vendosni domatile të copëtuara, jicama, qepë, domate dhe të gjitha specat zile në një furrë ose tenxhere holandeze 4 litra. Shpërndani kripën e konservimit në ujë. Hidhni sipër perimet e përgatitura. Nxehtësia deri në valë; ziej 5 minuta.

c) Kullojini tërësisht përmes një sitë të veshur me napë (derisa të mos pijë më ujë, rreth 15 deri në 20 minuta).

d) Vendosni erëz turshi dhe thekon spec të kuq opsional në një copë të pastër, me dy shtresa, 6 inç katror

61. Panxhar turshi pa sheqer të shtuar

Përbërësit:
- 7 paund. nga panxharët me diametër 2 deri në 2-1/2 inç
- 4 deri në 6 qepë (2- deri në 2-1/2-inç diametër), nëse dëshironi
- 6 gota uthull të bardhë (5 përqind)
- 1-1/2 lugë çaji kripë konservimi ose turshi
- 2 gota Splenda
- 3 gota ujë
- 2 shkopinj kanelle
- 12 karafil të tërë

Rendimenti: Rreth 8 pintë

Udhëzime:
a) Pritini majat e panxharit, duke lënë 1 inç kërcell dhe rrënjë për të parandaluar gjakderdhjen e ngjyrës. Lani tërësisht. Rendit sipas madhësisë.
b) Mbuloni madhësi të ngjashme së bashku me ujë të vluar dhe gatuajeni derisa të zbuten (rreth 25 deri në 30 minuta). Kujdes: Kullojeni dhe hidhni lëngun. Panxharë të ftohtë.
c) Prerja e rrënjëve dhe e kërcellit dhe rrëshqitja e lëkurave. Pritini në feta 1/4 inç. Qëroni, lani dhe prisni hollë qepët.
d) Kombinoni uthull, kripë, Splenda® dhe 3 gota ujë të freskët në furrën e madhe holandeze. Lidhni shkopinj kanelle dhe karafil në qese me napë dhe shtoni në përzierjen e uthullit.
e) Lëreni të vlojë. Shtoni panxharin dhe qepët. Ziej
f) 5 minuta. Hiqni qesen me erëza. Mbushni panxharët e nxehtë dhe fetat e qepëve në kavanoza të nxehtë, duke lënë hapësirë 1/2 inç. Mbulojeni me tretësirë uthull të valë, duke lënë hapësirë 1/2 inç.
g) Hiqni flluskat e ajrit dhe rregulloni hapësirën e kokës nëse është e nevojshme. Fshini buzët e kavanozëve me një peshqir letre të pastër të lagur.

62. Kastravec i ëmbël turshi

Përbërësit:
- 3-1/2 paund. e turshive të trangujve
- ujë të vluar për të mbuluar kastravecat e prera
- 4 gota uthull musht (5%)
- 1 gotë ujë
- 3 gota Splenda®
- 1 lugë gjelle kripë konservimi
- 1 lugë gjelle farë mustarde
- 1 lugë gjelle erëza të plota
- 1 lugë gjelle farë selino
- 4 shkopinj kanelle një inç

Rendimenti: Kavanoza rreth 4 ose 5 pintë

Udhëzime:
a) Lani kastravecat. Pritini 1/16 inç të skajeve të lulëzimit dhe hidheni. Pritini kastravecat në feta 1/4 inç të trasha. Hidhni ujë të valë mbi fetat e kastravecit dhe lërini të qëndrojnë 5 deri në 10 minuta.
b) Kulloni ujin e nxehtë dhe hidhni ujë të ftohtë mbi kastravecat. Lëreni ujin e ftohtë të rrjedhë vazhdimisht mbi fetat e kastravecit, ose ndërroni ujin shpesh derisa kastravecat të ftohen. Kullojini mirë fetat.
c) Përzieni uthull, 1 filxhan ujë, Splenda® dhe të gjitha erëzat në një furrë holandeze 10 litra ose tenxhere. Lëreni të vlojë. Në lëngun e vluar shtoni me kujdes fetat e kastravecit të kulluar dhe kthejini të ziejnë.
d) Vendosni një shkop kanelle në çdo kavanoz të nxehtë të zbrazët, nëse dëshironi. Mbushni fetat e nxehta të turshive në kavanoza të nxehtë, duke lënë hapësirë 1/2 inç. Mbulojeni me shëllirë turshi të vluar, duke lënë hapësirë 1/2 inç.
e) Hiqni flluskat e ajrit dhe rregulloni hapësirën e kokës nëse është e nevojshme. Fshini buzët e kavanozëve me një peshqir letre të pastër të lagur.

63. Turshi me feta të koprës

Përbërësit:

- 4 paund. Kastravecat turshi (3 deri në 5 inç).
- 6 gota uthull (5%)
- 6 gota sheqer
- 2 lugë gjelle kripë konservimi ose turshi
- 1-1/2 lugë çaji farë selino
- 1-1/2 lugë çaji farë mustarde
- 2 qepë të mëdha, të prera hollë
- 8 kokë kopër të freskët

Rendimenti: Rreth 8 pintë

Udhëzime:

a) Lani kastravecat. Prisni një fetë 1/16 inç të fundit të lulëzimit dhe hidheni. Pritini kastravecat në feta 1/4 inç. Kombinoni uthullën, sheqerin, kripën, selinon dhe farat e mustardës në një tenxhere të madhe. Sillni përzierjen në valë.

b) Vendosni 2 feta qepë dhe 1/2 kokë kopër në fund të çdo kavanozi të nxehtë. Mbushni kavanozët e nxehtë me feta kastraveci, duke lënë hapësirë 1/2 inç.

c) Sipër shtoni 1 fetë qepë dhe 1/2 kokë kopër. Hidhni zgjidhje të nxehtë turshi mbi trangujve, duke lënë hapësirë 1/4 inç.

d) Hiqni flluskat e ajrit dhe rregulloni hapësirën e kokës nëse është e nevojshme. Fshini buzët e kavanozëve me një peshqir letre të pastër të lagur.

64. Turshi të ëmbla të prera në feta

Përbërësit:

- 4 paund. Kastravecat turshi (3 deri në 4 inç).

Zgjidhja e kripur:

- 1 litër uthull e bardhë e distiluar (5%)
- 1 lugë gjelle kripë konservimi ose turshi
- 1 lugë gjelle farë mustarde
- 1/2 filxhan sheqer

Shurup konservimi:

- 1-2/3 gota uthull të bardhë të distiluar (5%)
- 3 gota sheqer
- 1 lugë gjelle erëza të plota
- 2-1/4 lugë çaji farë selino

Rendimenti: Rreth 4 deri në 5 pintë

Udhëzime:

- Lani kastravecat dhe prisni 1/16 inç nga fundi i luleve dhe hidhni. Pritini kastravecat në feta 1/4 inç. Kombinoni të gjithë përbërësit për shurupin e konservimit në një tenxhere dhe lërini të vlojnë. Mbajeni shurupin të nxehtë derisa të përdoret.
- Në një kazan të madh, përzieni përbërësit për tretësirën e kripur. Shtoni kastravecat e prera, mbulojeni dhe ziejini derisa kastravecat të ndryshojnë ngjyrën nga jeshile e ndezur në të zbehtë (rreth 5 deri në 7 minuta). Kulloni fetat e kastravecit.
- Mbushni kavanoza të nxehtë dhe mbulojeni me shurup të nxehtë konservimi duke lënë hapësirë 1/2 inç.
- Hiqni flluskat e ajrit dhe rregulloni hapësirën e kokës nëse është e nevojshme. Fshini buzët e kavanozëve me një peshqir letre të pastër të lagur.

65. Kraut me limon dhe kopër

Përbërësit:
- 1 kokë lakër të bardhë të fortë, të prerë hollë
- 2 deri në 3 lugë çaji kripë deti (1.5%)
- 2 lugë gjelle lëng limoni
- 1 lugë gjelle kopër të thatë
- 2 -3 thelpi hudhër, të grira imët

Udhëzime:
a) Lani lakrën tuaj dhe rezervoni një nga gjethet e jashtme për t'u futur në majë të lakrës suaj.
b) Pritini lakrën në katërsh, hiqni bërthamën dhe grijeni imët. Ndiqni udhëzimet e mësipërme për lakër turshi normale, duke shtuar lëngun e limonit dhe koprën e tharë me kripë.
c) Shtrydheni dhe masazhojeni lakrën derisa të shkëlqejë dhe të ketë një pellg të vogël lëngu në fund të enës, më pas përzieni hudhrën.

66. <u>Kimchi kinez</u>

Përbërësit:

- 1 kokë napa ose lakër kineze, e prerë
- 3 karota, të grira
- 1 rrepkë e madhe daikon, e grirë në rende ose një filxhan me rrepka të vogla të kuqe, të prera imët
- 1 qepë e madhe, e grirë
- 1/4 filxhan me thekon alga deti dulse ose nori
- 1 lugë gjelle me thekon spec djegës
- 1 lugë gjelle hudhër të grirë
- 1 lugë gjelle xhenxhefil të freskët të grirë
- 1 lugë fara susami
- 1 luge sheqer
- 2 lugë çaji kripë deti të cilësisë së mirë
- 1 lugë çaji salcë peshku

Udhëzime:

a) Thjesht përzieni të gjithë përbërësit së bashku në një tas të madh dhe lëreni të qëndrojë për 30 minuta.

b) Paketoni përzierjen në një kavanoz të madh qelqi ose 2 kavanoza më të vegjël. Shtypeni fort.

c) Hidhni sipër një qese Ziploc të mbushur me ujë për të mbajtur oksigjenin jashtë dhe për t'i mbajtur perimet të zhytura nën shëllirë.

d) Vendoseni kapakun lirshëm dhe lëreni mënjanë të fermentohet për të paktën 3 ditë. Shijoni pas 3 ditësh dhe vendosni nëse ka shije mjaft të thartë. Është çështje shije personale kështu që vazhdoni ta provoni derisa t'ju pëlqejë!

e) Pasi të jeni të kënaqur me shijen, mund ta ruani kimçin në frigorifer ku do të ruhet i lumtur për muaj të tërë, nëse zgjat kaq gjatë!!

.

67. Shkopinj karrote të fermentuara

Përbërësit:

- 6 karota organike, të lara dhe të prera në copa
- 2% tretësirë shëllirë (20 g kripë deti e tretur në 1 litër ujë të filtruar)
- Pak thelpinj hudhre, feta limoni, kokrra piper te zi, gjethe dafine ose koper

Udhëzime:

a) Paketoni fort karotat në një kavanoz qelqi të pastër 1 litër, së bashku me çdo erëza tjetër nga lista e përbërësve. Hidheni shëllirë brenda 2,5 cm nga maja e kavanozit.

b) Nëse karotat notojnë mbi nivelin e lëngut, atëherë mund të përdorni një qese Ziploc të mbushur me shëllirë për t'i peshuar dhe për t'i mbajtur të zhytura në mënyrë të sigurt.

c) Lëreni të fermentohet në temperaturën e dhomës, jashtë rrezet e diellit direkte, për të paktën një javë, por mundësisht dy javë. Shllira do të fillojë të duket e turbullt, gjë që tregon se fermentimi po vazhdon normalisht. Ju gjithashtu duhet të shihni disa flluska nëse tundni butësisht kavanozin.

d) Pasi të jeni të kënaqur me shijen dhe strukturën, atëherë vendosini në frigorifer, ku do të ruhen të lumtur për disa muaj!

68. Karrota me një kthesë indiane

(Bën kavanoz 1 litër)

Përbërësit:
- 1 kg karrota të qëruara dhe të grira
- 1 dorezë xhenxhefil i freskët, i qëruar dhe i grirë
- 2 lugë thekon djegës
- 2 lugë fenugreek
- 2 lugë fara sinapi
- 1 lugë shafran i Indisë i bluar
- 1 lugë gjelle kripë deti

Udhëzime:
a) Vendosni karotat në një tas dhe spërkatni me kripë deti.
b) Shtrydheni dhe masazhojeni përzierjen për të lëshuar pak shëllirë. Karotat duhet të fillojnë të vyshken dhe të lagen.
c) Shtoni erëzat dhe përziejini së bashku me një lugë druri, jo me duart tuaja, përndryshe ato do të njollosen në portokalli nga shafrani i Indisë!
d) Paketoni përzierjen në një kavanoz qelqi të pastër 1 litër, duke shtypur fort secilën grusht për të siguruar që ajri të mos bllokohet. Lëreni hapësirë 2,5 cm në krye të kavanozit dhe sigurohuni që karotat të jenë zhytur plotësisht nën shëllirë.
e) Mbyllni kapakun dhe lëreni të fermentohet për 5 deri në 7 ditë në temperaturën e dhomës.
f) Ruajeni kavanozin në frigorifer dhe përdorni brenda 6 muajsh.

69. Bomba me rrepkë

(Bën kavanoz 1 litër)

Përbërësit:
- 400 g rrepka, majat e prera
- 1 ose 2 lugë erëz turshi ose kopër
- 15 g/1 lugë gjelle kripë deti
- 10 g/2 lugë sheqer pluhur
- 1 litër ujë të filtruar
- 1 qepë të kuqe të prerë në feta ose 5 qepë të freskëta
- 3 feta xhenxhefil të freskët
- 2 ose 3 feta të mëdha limoni
- 3 ose 4 thelpinj hudhër, të grira
- 1 lugë ose më shumë thekon djegës të thatë, në varësi të nxehtësisë që ju pëlqen

Udhëzime:

a) Përgatitni shëllirën duke tretur në një enë kripën e detit dhe sheqerin. Lani kavanozin tuaj të qelqit në ujë të nxehtë me sapun dhe shpëlajeni mirë për të hequr çdo mbetje sapuni.

b) Vendosni erëzat në fund të kavanozit, më pas shtoni perimet, duke përfunduar me fetat e limonit sipër. Hidhni shëllirë derisa gjithçka të zhytet plotësisht. Mbulojeni me një gjethe të madhe lakre ose qese Ziploc të mbushur me shëllirë shtesë për të mbajtur gjithçka nën shëllirë.

c) Mbylleni lirshëm kavanozin dhe lëreni në një vend të freskët dhe jashtë rrezeve të diellit direkte për 7 deri në 12 ditë. Unë prirem ta vendos timin në garazh pasi pongu me squfur mund të jetë mjaft i jashtëzakonshëm dhe mund të merrni ankesa nga anëtarët e familjes!

d) Shijoni pas 7 ditësh dhe nëse janë mjaft të thartë për ju, atëherë vendosini në frigorifer ku do të ruhen për rreth 6 muaj.

e) Nëse nuk janë të thartë, lërini edhe 4 ose 5 ditë të tjera.

f) Mbani shëllirën e tepërt dhe përdorni atë në salcat e sallatave, të mbushura me probiotikë!!

ËSHTËRTËSITË KAVANCORE MASON

70. Cadbury Egg Trifles

Bën: 4

PËRBËRËSIT:

- Kuti 3,4 ons me puding vanilje
- 1 filxhan qumësht të ftohtë
- 1 kanaçe qumësht i kondensuar i ëmbëlsuar
- Vaskë 8 ons Kamxhik i ftohtë, i ndarë
- 2 gota çokollatë me qumësht
- 1 filxhan krem të rëndë
- 3 gota Oreos të copëtuara
- Krem vezë Cadbury, për zbukurim

UDHËZIME:
BËNI PUDING:

d) Në një tas të madh, përzieni përzierjen e pudingut, qumështin dhe qumështin e kondensuar të ëmbëlsuar. Lëreni të ziejë për 5 minuta duke e përzier shpesh derisa masa të trashet.

BËNI GANACHE:

e) Në një tenxhere të vogël mbi nxehtësinë mesatare, vendoseni kremin e trashë në zjarr të ngadaltë. Shtoni copëzat e çokollatës së qumështit në një tas mesatar, më pas derdhni sipër kremin e nxehtë të rëndë. Lëreni të qëndrojë për 3 minuta, më pas përzieni derisa çokollata të shkrihet dhe masa të jetë e qetë. Lëreni të ftohet në temperaturën e dhomës.

MBLEDHNI GJENDJET:

f) Shtoni një shtresë të barabartë Oreos të copëtuara në fundet e 4 kavanozëve të mëdhenj murator. Hidhni sipër një shtresë të barabartë të përzierjes së pudingut, lyeni pudingun me ganache me çokollatë qumështi dhe më pas rrahni sipër me kukulla. Përsëriteni për të bërë një shtresë tjetër të secilit përbërës.

g) Lëreni në frigorifer derisa të jeni gati për t'u shërbyer.

71. Parfe i papërpunuar me qumësht Spirulina

Bën: 1

PËRBËRËSIT:
THATA
- ½ filxhan tërshërë
- 1 lugë mollë e tharë
- 1 lugë bajame të aktivizuara
- 1 lugë gjelle kakao të ëmbël
- 1 lugë gjelle kajsi, të thata, të grira hollë
- ½ lugë çaji pluhur vanilje
- 1 lugë gjelle pluhur maca

LËNGËSI
- 1 filxhan, qumësht shqeme
- 1 lugë gjelle pluhur spirulina
- 2 lugë fara kungulli, të bluara

UDHËZIME:
a) Në një kavanoz shtojmë dhe shtrojmë tërshërën, mollët, bajamet dhe kajsitë dhe sipër i hedhim kakao.

b) Më pas vendosni qumështin e shqemës, spirulinën dhe farat e kungullit në një blender dhe pulsoni për një minutë.

c) Hidhni qumështin e përfunduar mbi përbërësit e thatë dhe shijoni.

72. Tërshërë qumështor me limon me boronica

PËRBËRËSIT:

- ¼ filxhan kos grek pa yndyrë
- 2 lugë kos boronicë
- ¼ filxhan boronica
- 1 lugë çaji lëkure limoni të grirë
- 1 lugë çaji mjaltë

UDHËZIME:

a) Kombinoni tërshërën dhe qumështin në një kavanoz prej 16 ons; sipër me mbushjet e dëshiruara.

b) Vendoseni në frigorifer brenda natës ose deri në 3 ditë; shërbejeni të ftohtë.

73. Puding liri me gëlqere

Bën: 1 porcion

PËRBËRËSIT:
- 1 ¼ filxhan qumësht 2%.
- 1 filxhan jogurt i thjeshtë grek 2%.
- ½ filxhan fara liri
- 2 lugë mjaltë
- 2 luge sheqer
- 2 lugë çaji lëvore gëlqereje
- 2 lugë gjelle lëng limoni të freskët të shtrydhur
- 1 lugë çaji ekstrakt vanilje
- 1 filxhan luleshtrydhe dhe boronica të grira
- ½ filxhan mango të prerë në kubikë dhe ½ filxhan kivi të prerë në kubikë

UDHËZIME:
a) Në një tas të madh, përzieni qumështin, kosin, farat e lirit, mjaltin, sheqerin, lëkurën e limonit, lëngun e limonit, vaniljen dhe kripën derisa të bashkohen mirë.

b) Ndani përzierjen në mënyrë të barabartë në katër kavanoza.

c) Mbulojeni dhe vendoseni në frigorifer brenda natës, ose deri në 5 ditë.

d) Shërbejeni të ftohtë, të mbushur me luleshtrydhe, mango, kivi dhe boronica.

74. Cheesecakes individuale Key Lime

PËRBËRËSIT

Për koren
- ▢ 11/4 gota (125 g) biskota të bluara pa gluten (të tilla si marka e Pamela-s)
- ▢11/2 lugë çaji sheqer kaf
- ▢ 2 lugë gjelle (28 g) gjalpë pa kripë, pak kripë e shkrirë

Për cheesecake
- ▢ 8 ons (227 g) krem djathi, në temperaturë dhome
- ▢1 lugë gjelle (8 g) niseshte misri
- ▢ 1/3 filxhan (65 g) sheqer të grimcuar
- ▢ Një majë kripë
- ▢1 lugë gjelle (15 ml) Lëng lime kyç
- ▢1/4 filxhan (60 g) salcë kosi, në temperaturë ambienti
- ▢ 1 lugë çaji ekstrakt vanilje pa gluten
- ▢ 1 lugë gjelle (6 g) lëvore lime e grirë imët, plus më shumë për zbukurim
- ▢1 vezë e madhe, në temperaturë ambienti 11/2 filxhan (355 ml) ujë Krem pana, për zbukurim

Korja
a) Spërkatni lehtë pjesën e brendshme të gjashtë kavanozëve murator 4-uns (115 g) me llak gatimi që nuk ngjit.
b) Në një tas të vogël, përzieni së bashku biskotat e shtypura, sheqerin kaf, gjalpin dhe kripën. Ndani përzierjen e biskotave në mënyrë të barabartë midis kavanozëve. Shtypni butësisht koren e biskotave në pjesën e poshtme të gotave.

Tortë me djathë
c) Në një tas mesatar për përzierjen, rrihni kremin e djathit me një mikser dore me shpejtësi të ulët, derisa të bëhet një masë homogjene. Në një tas të vogël përzierës, bashkoni niseshtën e misrit, sheqerin e grirë dhe kripën. Shtoni përzierjen e sheqerit në kremin e djathit dhe rrihni derisa të përfshihet. Fërkoni anët e tasit me një shpatull.

d) Shtoni lëngun e limonit, kosin, vaniljen dhe lëkurën e limonit në përzierjen e djathit krem. Rrihni derisa të bashkohet. Shtoni vezën; përzieni derisa të kombinohen. Mos e teproni.

e) Ndani brumin e cheesecake-it në mënyrë të barabartë midis kavanozëve. Prekni lehtë kavanozët në banak për të lëshuar çdo flluskë të madhe ajri.

f) Shtoni ujin në fund të tenxheres së brendshme. Vendosni një thurje brenda tenxhere. Kavanozët e mbushur i vendosim në petka, duke pasur kujdes që anët e kavanozëve të mos prekin njëra-tjetrën apo anët e tenxheres. Ju duhet të jeni në gjendje të vendosni pesë rreth skajeve dhe të keni hapësirë për një kavanoz në mes. Vendosni lehtë një copë të madhe petë mbi të gjitha kavanoza.

g) Mbyllni dhe mbyllni kapakun, duke u siguruar që doreza e lëshimit të avullit të jetë në pozicionin e mbylljes. Gatuani në presion të lartë për 4 minuta. Kur koha e gatimit të ketë mbaruar, lëreni një lëshim natyral për 10 minuta, më pas zhvendoseni çelësin në pozicionin e ajrosjes dhe lëshoni avullin e mbetur. Kur bie kunja notuese, zhbllokoni kapakun dhe hapeni me kujdes. Shtypni Cancel.

h) Hiqni folenë dhe thithni çdo kondensim në sipërfaqen e cheesecakes duke fshirë butësisht me një peshqir letre. Lërini djathërat të ftohen brenda tenxheres për 30 minuta, më pas hiqini në një raft ftohjeje dhe lërini të ftohen derisa të arrijnë temperaturën e dhomës. Mbulojini djathërat me mbështjellës plastik dhe vendosini në frigorifer për të paktën 6 deri në 8 orë, mundësisht gjatë natës.

i) Shërbejeni të zbukuruar me krem pana dhe lëkurë shtesë lime.

Rendimenti: 6 cheesecake individuale

75. Gjizë me mjedër kokosi

Serbimet 4

Përbërësit

☐4 ons vaj kokosi, i zbutur

☐3/4 filxhan Swerve

☐4 të verdha veze të rrahura

☐ 1/2 filxhan boronica

☐1 lugë çaji lëkure limoni të grirë në rende

☐ 1/2 lugë çaji ekstrakt vanilje

☐ 1/2 lugë çaji anise yll, i bluar

Drejtimet

1. Përzieni vajin e kokosit dhe vendoseni në një procesor ushqimi.

2. Përzieni gradualisht vezët; vazhdoni të përzieni për 1 minutë më gjatë.

3. Tani, shtoni boronica, lëkurën e limonit, vaniljen dhe anise. Ndani përzierjen në katër kavanoza Mason dhe mbulojini me kapak.

4. Shtoni 1 ½ filxhan ujë dhe një raft metalik në tenxheren e çastit. Tani, ulni kavanozët tuaj në raft.

5.Siguroni kapakun. Zgjidhni modalitetin "Manual" dhe Presionin e Lartë; gatuaj për 15 minuta. Pasi të përfundojë gatimi, përdorni një çlirim natyral të presionit; hiqni me kujdes kapakun. Shërbejeni

6. Vendoseni në frigorifer derisa të jeni gati për t'u shërbyer. Ju bëftë mirë!

76. Krem me bajame dhe çokollatë

Serbimet 4

Përbërësit
⬜ 2 filxhanë krem për rrahje të rëndë
⬜ 1/2 filxhan ujë
⬜ 4 vezë
⬜1/3 filxhan Swerve
⬜ 1 lugë çaji ekstrakt bajame
⬜ 1 lugë çaji ekstrakt vanilje
⬜1/3 filxhan bajame të bluara
⬜2 lugë vaj kokosi, temperaturë ambienti
⬜4 lugë gjelle pluhur kakao
⬜2 lugë gjelle xhelatinë
Drejtimet
1. Filloni duke shtuar 1 ½ filxhan ujë dhe një raft metalik në tenxheren tuaj të menjëhershme.
2. Përzieni kremin, ujin, vezët, Swerve, ekstraktin e bajames, ekstraktin e vaniljes dhe bajamet në përpunuesin tuaj të ushqimit.
3. Shtoni përbërësit e mbetur dhe përpunoni për një minutë më gjatë.
4.Ndajeni përzierjen ndërmjet katër kavanozëve Mason; mbuloni kavanozët me kapak. Ulini kavanozët në raft.
5.Siguroni kapakun. Zgjidhni modalitetin "Manual" dhe Presionin e Lartë; gatuaj për 7 minuta. Pasi të përfundojë gatimi, përdorni një çlirim natyral të presionit; hiqni me kujdes kapakun. Ju bëftë mirë!

77. Krem klasik për pushime

Koha e përgatitjes: 20 minuta + koha e ftohjes

Serbimet 4

Vlerat ushqyese për racion: 201 kalori; 17,7 g yndyrë; 6.2 g karbohidrate totale; 4.2 g proteina; 1.2 g sheqerna

Përbërësit

⬛ 5 të verdha veze

⬛ 1/3 filxhan qumësht kokosi, pa sheqer

⬛ 1/2 lugë çaji ekstrakt vanilje

⬛1 lugë çaji pluhur frutash murgu

⬛ 1 lugë gjelle aromatizues gjalpi

⬛ 1/2 shkop gjalpë, i shkrirë

Drejtimet

1. Përzieni të verdhat e vezëve me qumësht kokosi, ekstrakt vanilje, pluhur frutash murgu dhe aromë gjalpi.

2.Më pas, përzieni gjalpin; përzieni derisa gjithçka të jetë e integruar mirë. Ndani përzierjen në katër kavanoza Mason dhe mbulojini me kapak.

3. Shtoni 1 ½ filxhan ujë dhe një raft metalik në tenxheren e menjëhershme. Tani, ulni kavanozët tuaj në raft.

4.Siguroni kapakun. Zgjidhni modalitetin "Manual" dhe Presion të ulët; gatuaj për 15 minuta. Pasi të përfundojë gatimi, përdorni një çlirim natyral të presionit; hiqni me kujdes kapakun.

Shërbejeni

5. Vendoseni në frigorifer derisa të jeni gati për t'u shërbyer. Ju bëftë mirë!

78. Krem me çokollatë

Koha e përgatitjes: 25 MIN
Shërbim: 4
Përbërësit:
 2 krem i trashë
 ¼ filxhan çokollatë e zezë pa sheqer, e copëtuar
 3 vezë
 1 lugë lëkure portokalli
 1 lugë stevia pluhur
 1 lugë ekstrakt vanilje
 ½ lugë kripë
Udhëzime:
1. Futeni në prizë tenxheren tuaj të menjëhershme dhe shtypni butonin 'Saute'. Shtoni kremin e trashë, çokollatën e copëtuar, pluhurin stevia, ekstraktin e vaniljes, lëkurën e portokallit dhe kripën. Përziejini mirë dhe ziejini derisa çokollata të shkrihet plotësisht. Shtypni butonin 'Anulo' dhe çani vezët, një nga një, duke i përzier vazhdimisht. Hiqeni nga tenxherja e menjëhershme.
2. Transferoni përzierjen në 4 kavanoza me kapak të lirshëm.
3. Hidhni 2 gota ujë në tenxheren tuaj të menjëhershme dhe vendoseni kazhinën në futjen e inoksit. Shtoni kavanoza dhe mbyllni kapakun.
4. Vendosni dorezën e lëshimit të avullit dhe shtypni butonin 'Manual'. Vendosni kohëmatësin për 10 minuta.
5.Kur të keni mbaruar, kryeni një lëshim të shpejtë duke lëvizur valvulën e avullit në pozicionin 'Venting'.
6.Hapni kapakun dhe hiqni kavanozët. Ftoheni në temperaturën e dhomës dhe më pas vendoseni në frigorifer.
7.Sipërisni pak krem pana para se ta shërbeni.

79. Tzatziki

Bën rreth 1½ deri në 2 gota

Përbërësit:

- 1 filxhan shqeme të papërpunuara, pa kripë
- ½ filxhan ujë të filtruar
- 1 kapsulë probiotike ose ¼ lugë çaji pluhur probiotik
- Lëng nga 1 limon
- 1 thelpi hudhër, e grirë
- 2 lugë qepë të grirë
- 1 lugë çaji kripë deti e parafinuar
- Një copë 3 inç e një kastraveci mesatar

a) Në një tas qelqi të vogël ose të mesëm, bashkoni shqemet dhe ujin. Zbrazni përmbajtjen e kapsulës probiotike (duke hedhur lëvozhgën e zbrazët të kapsulës) ose pluhurin probiotik në përzierjen e shqemeve dhe përzieni që të kombinohen. Mbulojeni dhe lëreni mënjanë për njëzet e katër orë.

b) Në një blender, kombinoni përzierjen e shqeme me lëngun e limonit, hudhrën, qepën dhe kripën dhe përziejeni derisa të jetë e butë dhe kremoze; kthejeni përzierjen në tas. Grini kastravecin, shtoni në përzierjen e shqemeve dhe përzieni derisa të bashkohet. Ruajeni, të mbuluar, në frigorifer deri në tre ditë.

c) Kur të jetë gati për t'u shërbyer, zbukurojeni me feta kastraveci dhe/ose copa, nëse dëshironi.

80. Dip krem francez i qepës

Bën rreth 2 e gjysmë gota

Përbërësit:

- 2 gota shqeme të papërpunuara, të pakripura
- 1½ filxhan ujë të filtruar
- 2 kapsula probiotike ose ½ lugë çaji pluhur probiotik
- Lëng nga ½ limoni
- 2 lugë qepë jeshile të grirë
- 2 lugë majdanoz të freskët të grirë
- Rreth 1 lugë çaji kripë deti të parafinuar, ose sipas shijes
- Qiqra ose qepë për zbukurim (opsionale)

Udhëzime:

a) Në një tas qelqi të vogël ose të mesëm, bashkoni shqemet dhe ujin.

b) Zbrazni përmbajtjen e kapsulave probiotike (duke hedhur lëvozhgat bosh të kapsulës) ose pluhurin probiotik në shqeme dhe përzieni për t'u përzier.

c) Mbulojeni dhe lëreni përzierjen të kultivohet për njëzet e katër deri në dyzet e tetë orë.

d) Kur të jetë gati për t'u servirur, sipas dëshirës zbukurojeni me qiqra ose qepë.

81. Sallatë jeshile me pjeshkë & Chèvre

Shërben 2 deri në 4
Përbërësit:
Sallatë
- 1 pako e vogël zarzavate të përziera
- 2 deri në 3 pjeshkë të freskëta, të papastërta dhe të përgjysmuara
- 1 lugë gjelle vaj ulliri ekstra të virgjër
- Chèvre rreth 1 inç
Veshja
- ¾ filxhan vaj ulliri ekstra të virgjër
- ⅓ filxhan uthull molle
- ½ lugë çaji kripë deti e parafinuar
- ½ lugë çaji borzilok të thatë
- ½ lugë çaji trumzë e thatë
- 1 lugë çaji shurup panje të pastër ose nektar agave

Ngrohni paraprakisht skarën tuaj në 300 deri në 350ºF ose ngrohni një tigan me skarë prej gize në sobën tuaj mbi nxehtësinë e ulët deri në mesatare.

Lani dhe thani zarzavatet mesclun dhe vendosini në një tas të madh; le menjane.

Lyejini gjysmat e pjeshkës me vaj ulliri dhe vendosini me anën e sheshtë poshtë në tiganin e skarës ose të skarës. Piqini në skarë për rreth 3 minuta, ose derisa pjeshkët të jenë të buta, por jo të buta. Hiqni pjeshkët nga zgara, fikni zjarrin dhe lërini mënjanë. Pritini Chèvre-n në disqe dhe lëreni mënjanë.

Në një blender, kombinoni të gjithë përbërësit e salcës dhe përzieni derisa të jetë homogjene. Hidhni sasinë e dëshiruar të salcës mbi zarzavatet e përziera dhe hidhni sallatën derisa të lyhet mirë. Ruani çdo salcë të mbetur në një kavanoz të mbuluar deri në një javë.

Mbi sallatën hidhni disqet Chèvre dhe gjysmat e pjeshkës së pjekur në skarë dhe shërbejeni në tasa të mëdhenj ose në pjata.

82. Krem djathi kokosi

Përbërësit:
- Një kanaçe qumështi i kokosit 13,5 ons
- 1 kapsulë probiotike ose ¼ lugë çaji pluhur probiotik
- 1 deri në 2 lugë çaji shurup panje të pastër
- 1 lugë çaji pluhur vanilje ose ekstrakt të pastër vanilje
- 1 lugë çaji lëvore limoni (opsionale)

Udhëzime:
a) Hapni kutinë e qumështit të kokosit. Nëse kremi i kokosit dhe uji tashmë janë ndarë, hiqeni kremin e trashë në një tas të vogël.
b) Nëse nuk është ndarë, në një tas të vogël thjesht përzieni së bashku kremin e arrës së kokosit dhe ujin e kokosit derisa të jenë të lëmuara.
c) Shtoni përmbajtjen e kapsulës probiotike (duke hedhur lëvozhgën e zbrazët të kapsulës) ose pluhurin probiotik dhe përzieni së bashku.
d) Mbulojeni me kapak ose leckë dhe lëreni të qëndrojë i patrazuar për tetë deri në dhjetë orë në një mjedis të ngrohtë (afërsisht 110 deri në 115ºF ose 43 deri në 46ºC, por mos u shqetësoni nëse nuk është plotësisht brenda atij diapazoni).
e) Pasi të jetë kultivuar, vendoseni në frigorifer për të paktën një deri në dy orë. Nëse kremi i kokosit dhe uji janë ndarë, hiqni kremin e trashë të kokosit për përdorim.
f) Shtoni shurupin e panjës, pluhurin ose ekstraktin e vaniljes dhe lëkurën e limonit nëse dëshironi. Përziejini së bashku derisa të jenë të qetë. Përdoreni menjëherë si krem për ëmbëlsira, cupcakes ose produkte të tjera të pjekura.
g) Zgjat rreth një javë, i mbuluar, në frigorifer.

83. Krepa dardhe me djath Macadamia

Bën 8 krepa të mëdhenj
Përbërësit:
Krepat
- 2 lugë gjelle vaj ulliri, plus më shumë për tiganin me vaj
- 1½ filxhan miell për të gjitha përdorimet pa gluten (Unë përdor miellin e Bob's Red Mill pa xanthan)
- 1½ filxhan qumësht bajame
- 2 lugë fara liri të grira imët të rrahura në 6 lugë ujë
- 1 lugë çaji sodë buke
- Pini kripë deti të parafinuar
- Mbushje dardhe kardamom
- 4 dardha mesatare, të prera dhe të prera në feta
- Pini kardamom të bluar
- ½ filxhan ujë të filtruar, të ndarë
- 2 lugë gjelle sheqer kallami organik
- 1 luge miell tapioke

Mbushje krem djathi
- Krem djathi Macadamia

a) Për brumin e krepit, në një tas të madh kombinoni 2 lugë gjelle vaj, miell, qumësht bajame, përzierjen e farave të lirit, sodën e bukës dhe kripën; rrihni së bashku.

b) Në një tigan të madh mbi nxehtësinë mesatare, shtoni vaj aq sa të lyhet me yndyrë të gjithë fundi i tiganit dhe derdhni brumin e krepit sa të lyhet hollë tava. Gatuani për rreth 1 minutë ose derisa flluskat të zhduken dhe kthejeni. Përsëriteni me brumin e mbetur derisa brumi të jetë konsumuar i gjithi.

c) Për sipër, në një tigan mesatar mbi nxehtësinë e ulët në mesatare, shtoni dardhat, kardamomin dhe ¼ filxhan me ujë. Gatuani për afërsisht 5 minuta ose derisa dardhat të jenë zbutur pak. Në një tas të vogël qelqi, bashkoni ¼ filxhani të mbetur të ujit, sheqerit dhe tapiokës derisa të përzihen mirë.

d) Përzierjen e sheqerit me tapiokën e shtojmë dardhat duke i trazuar vazhdimisht. Lëreni të gatuhet për një minutë tjetër ose derisa salca të jetë trashur.

e) Mbi çdo krep me ⅛ nga përzierja e dardhës dhe ⅛ me krem djathi makadamia. Shërbejeni menjëherë.

84. Sanduiçe me akullore me kek me xhenxhefil

Përgatit rreth 24 biskota ose 12 sanduiçe me akullore
Përbërësit:

- ½ filxhan vaj kokosi
- ½ filxhan sheqer kokosi
- ¼ filxhan melasë
- 1 lugë gjelle fara liri të grira imët të rrahura në 3 lugë gjelle ujë
- 1 filxhan miell orizi kaf
- 1 filxhan miell meli
- 1½ lugë çaji sodë buke
- 2 lugë çaji xhenxhefil të bluar
- 1 lugë çaji kanellë të bluar
- ¼ lugë çaji arrëmyshk i bluar
- Akullore me vanilje e kultivuar

a) Ngrohni furrën tuaj në 350ºF.
b) Në një mikser, bashkoni vajin dhe sheqerin dhe filloni të përzieni. Ndërsa janë ende duke u përzier, shtoni melasën, përzierjen e farave të lirit me ujin, miellin e orizit kaf, miellin e melit, sodën e bukës, xhenxhefilin, kanellën dhe arrëmyshkun dhe vazhdoni të përzieni derisa përzierja të formojë një brumë të butë dhe të lakueshëm.
c) Formoni brumin në topa rreth 1½ inç në diametër, ose madhësinë e një arre. Shtypini fort me pëllëmbën e dorës në një fletë pjekjeje të veshur me pergamenë për të formuar disqe 2 inç, duke lënë hapësirë midis biskotave që ato të përhapen. Piqini për 8 minuta ose derisa të jenë të forta por jo të forta. Lëreni të ftohet në raftet me tela.
d) Pasi biskotat e xhenxhefilit të jenë ftohur, hidhni me lugë akulloren e kultivuar me vanilje mbi njërën prej biskotave dhe shtypni një biskotë tjetër mbi të për të formuar një sanduiç. Përsëriteni për biskotat e mbetura. Ngrijeni ose shërbejeni menjëherë. Nëse ngrijnë, lërini sanduiçët e akullores të qëndrojnë në temperaturën e dhomës për rreth 10 minuta përpara se t'i shërbeni.

85. Akullore me vanilje e kultivuar

Përbërësit:
- 1 filxhan shqeme të papërpunuara, pa kripë
- 2 gota qumësht bajame
- 1 kapsulë probiotike ose ¼ lugë çaji pluhur probiotik
- 5 hurma të mëdha të freskëta Medjool, pa fara
- 1 lugë çaji pluhur vanilje

Udhëzime:
a) Në një tas të vogël, bashkoni shqemet dhe 1 filxhan qumësht; shtoni përmbajtjen e kapsulës probiotike (duke hedhur lëvozhgën bosh të kapsulës) ose pluhurin probiotik dhe përzieni mirë.
b) Mbulojeni dhe lëreni të qëndrojë për tetë deri në dymbëdhjetë orë, në varësi të preferencës suaj të shijes; kohët më të gjata të fermentimit krijojnë një shije më të shijshme.
c) Në një blender, kombinoni përzierjen e shqemeve, hurmat dhe pluhurin e vaniljes dhe përzieni derisa të jetë homogjene. Hidheni në një makinë akulloreje dhe ndiqni udhëzimet e prodhuesit për ta përpunuar në akullore (zakonisht 20 deri në 25 minuta).

86. Akullore me byrek me kungull

Bën rreth 1 litër/litër

Përbërësit:

- ½ filxhan shqeme të papërpunuara, të pakripura
- ¼ filxhan ujë të filtruar
- 2 kapsula probiotike, ose ½ lugë çaji pluhur probiotik
- 2 gota qumësht bajame
- 2 gota kunguj te zier
- 7 hurma të freskëta Medjool, pa fara
- 1½ lugë çaji kanellë të bluar
- ½ lugë çaji xhenxhefil të bluar
- ½ lugë çaji karafil të bluar
- ⅛ lugë çaji arrëmyshk

Udhëzime:

a) Në një tas të vogël, përzieni shqemet dhe ujin; shtoni përmbajtjen e kapsulës probiotike (duke hedhur lëvozhgën bosh të kapsulës) ose pluhurin probiotik dhe përzieni mirë. Mbulojeni dhe lëreni të qëndrojë për dymbëdhjetë orë.

b) Në një blender, kombinoni përzierjen e shqemit me qumështin, kungullin, hurmat, kanellën, xhenxhefilin. karafil dhe arrëmyshk dhe përziejeni derisa masa të jetë e qetë. Hidheni në një prodhues akulloreje dhe ndiqni udhëzimet e prodhuesit. Shërbejeni menjëherë.

87. Akullore me vishnje te zeze

Bën rreth 1 litër/litër

Përbërësit:
- 1 filxhan shqeme të papërpunuara, pa kripë
- 1 gotë ujë të filtruar
- 1 kapsulë probiotike ose ¼ lugë çaji pluhur probiotik
- 2 filxhanë qershi të zeza të freskëta, të hequra nga thelbi dhe bishtat (nëse përdorni qershi të ngrira, lërini të shkrihen para përdorimit), plus disa të tjera për zbukurim (opsionale)
- 1¼ filxhan qumësht bajame
- 4 hurma medjool te fresketa, pa gropa

Udhëzime:
a) Në një tas të mesëm, thithni shqeme në ujë për tetë orë ose gjatë natës.
b) Hidhni shqemet dhe ujin në një blender dhe përzieni derisa masa të bëhet e lëmuar dhe kremoze. Hidheni në një enë të vogël qelqi me kapak. Zbrazni kapsulën probiotike (duke hedhur lëvozhgën e zbrazët të kapsulës) ose pluhurin probiotik në përzierjen e shqemeve dhe përzieni së bashku. Mbulojeni me një kapak ose leckë të pastër dhe lëreni të fermentohet për tetë deri në dymbëdhjetë orë.
c) Në një blender ose përpunues ushqimi, kombinoni përzierjen e shqemës me qershitë, qumështin dhe hurmat dhe përzieni derisa të jetë e qetë. Hidheni përzierjen në një prodhues akulloreje dhe ndiqni udhëzimet e prodhuesit për ta përpunuar në akullore. Nëse dëshironi, zbukurojeni me qershi shtesë dhe shërbejeni menjëherë.

88. Tortë me djathë me krem portokalli

Bën një cheesecake 12 inç
Përbërësit:
Korja
- 1 filxhan bajame të papërpunuara, të pakripura
- 3 hurma të freskëta Medjool, pa fara
- 1 lugë gjelle vaj kokosi
- Pini kripë deti të parafinuar

Mbushje
- 2 gota shqeme të papërpunuara, të pakripura
- 1 gotë ujë të filtruar
- 1 kapsulë probiotike ose ¼ lugë çaji pluhur probiotik
- 3 gota lëng portokalli
- 2 lugë shurup panje të pastër
- 1 lugë çaji pluhur vanilje
- 1 filxhan vaj kokosi
- ¼ filxhan plus 1 lugë gjelle lecithin (5 lugë gjelle)
- Feta të holla portokalli, me lëvozhgë, për zbukurim (opsionale)

Udhëzime:

a) Për koren, në një përpunues ushqimi, kombinoni të gjithë përbërësit e kores dhe përzieni derisa të copëtohet imët. Transferojeni në një tigan 12 inç në formë pranvere dhe shtypeni sipër sipërfaqes së poshtme të tiganit derisa të jetë e fortë.

b) Për mbushjen, në një tas mesatar, kombinoni shqemet, ujin dhe përmbajtjen e kapsulës probiotike (duke e hedhur lëvozhgën bosh të kapsulës) ose pluhurin probiotik; përziejmë derisa të bashkohen. Mbulojeni me një kapak ose leckë të pastër dhe lëreni të qëndrojë për dymbëdhjetë deri në njëzet e katër orë për t'u kultivuar.

c) Në një blender, kombinoni përzierjen e shqeme me lëngun e portokallit, shurupin e panjeve, pluhurin e vaniljes, vajin dhe lecithin, dhe përzieni derisa të jetë homogjene.

d) Masën e derdhim mbi kore. Lëreni në frigorifer për katër deri në gjashtë orë, ose derisa të vendoset. Nëse dëshironi, zbukurojeni me feta portokalli dhe shërbejeni. Cheesecake zgjat afërsisht katër ditë në frigorifer në një enë të mbuluar.

89. Cheesecake me shegë

Bën një cheesecake 12 inç
Përbërësit:
Korja
- 1 filxhan lajthi të papërpunuara, të pakripura
- 4 hurma të freskëta Medjool, pa fara
- 1 lugë gjelle vaj kokosi
- Pini kripë deti të parafinuar

Mbushje
- 2 gota shqeme të papërpunuara, të pakripura
- 1 gotë ujë të filtruar
- 1 kapsulë probiotike ose ¼ lugë çaji pluhur probiotik
- 3 gota lëng shege
- 2 lugë shurup panje të pastër ose nektar agave
- 1 lugë çaji pluhur vanilje
- 1 filxhan vaj kokosi
- ¼ filxhan plus 2 lugë gjelle lecithin (6 lugë gjelle)
- Furrat e freskëta të shegës për zbukurim (opsionale)

Udhëzime:
a) Për koren, në një përpunues ushqimi, kombinoni të gjithë përbërësit e kores dhe përzieni derisa të copëtohet imët. Transferojeni në një tigan 12 inç në formë pranvere dhe shtypeni sipër sipërfaqes së poshtme të tiganit derisa të jetë e fortë.
b) Për mbushjen, në një tas mesatar, kombinoni shqemet, ujin dhe përmbajtjen e kapsulës probiotike (duke e hedhur lëvozhgën bosh të kapsulës) ose pluhurin probiotik. E trazojmë masën derisa të bashkohet. Mbulojeni me një kapak ose leckë të pastër dhe lëreni të qëndrojë për dymbëdhjetë deri në njëzet e katër orë për t'u kultivuar.
c) Në një blender, kombinoni përzierjen e shqemës me lëngun e shegës, shurupin e panjeve ose nektarin e agaves, pluhur vanilje, vajin dhe lecithin dhe përzieni derisa të jetë e qetë.

d) Masën e derdhim mbi kore. Lëreni në frigorifer për katër deri në gjashtë orë, ose derisa të vendoset. Sipër lyeni me shegë të freskët sipas dëshirës. Shërbejeni.
e) Cheesecake zgjat afërsisht katër ditë në frigorifer në një enë të mbuluar.

90. Tortë me djathë ferrë

Bën një cheesecake 12 inç

Përbërësit:

Korja

- 1 filxhan bajame të papërpunuara, të pakripura
- 3 hurma të freskëta Medjool, pa fara
- 1 lugë gjelle vaj kokosi
- Pini kripë deti të parafinuar

Mbushje

- 2 gota shqeme të papërpunuara, të pakripura
- 1 gotë ujë të filtruar
- 1 kapsulë probiotike ose ¼ lugë çaji pluhur probiotik
- ¼ filxhan plus 1 lugë gjelle shurup panje të pastër (5 lugë gjelle)
- 1 lugë çaji pluhur vanilje
- ½ filxhan vaj kokosi
- ½ filxhan lecithin
- 2 gota qumësht bajame

Udhëzime:

a) 2½ filxhanë manaferra të freskëta (nëse përdorni të ngrira, lërini të shkrihen përpara se të bëni cheesecake), plus më shumë për zbukurim.

b) Për koren, në një përpunues ushqimi, kombinoni të gjithë përbërësit e kores dhe përzieni derisa të copëtohet imët. Transferojeni në një tigan 12 inç në formë pranvere dhe shtypeni sipër sipërfaqes së poshtme të tiganit derisa të jetë e fortë.

c) Për mbushjen, në një tas mesatar, kombinoni shqemet, ujin dhe përmbajtjen e kapsulës probiotike (duke e hedhur lëvozhgën bosh të kapsulës) ose pluhurin probiotik; përziejmë masën derisa të bashkohet. Mbulojeni me kapak ose leckë të pastër dhe lëreni të qëndrojë për njëzet e katër deri në dyzet e tetë orë për t'u kultivuar.

d) Në një blender, kombinoni përzierjen e shqeme me shurupin e panjës, pluhur vanilje, vaj, lecithin dhe qumësht dhe përzieni derisa të jetë homogjene. Shtoni manaferrat dhe përziejini derisa të jenë homogjene.

e) Masën e derdhim mbi kore. Lëreni në frigorifer për katër deri në gjashtë orë, ose derisa të vendoset. Nëse dëshironi, zbukurojeni me manaferra shtesë dhe shërbejeni. Cheesecake zgjat afërsisht katër ditë në frigorifer në një enë të mbuluar.

91. Pjeshkë të ëmbël vanilje

Bën rreth 5 gota

Përbërësit:

- 5 pjeshkë mesatare, pa kore dhe të grira trashë (rreth 5 gota të grira)
- ½ lugë çaji pluhur vanilje
- ½ lugë çaji pluhur kardamom (opsionale)
- 1 lugë gjelle shurup panje të pastër
- 2 lugë hirrë

Udhëzime:

a) Në një tas të madh, bashkoni të gjithë përbërësit dhe përzieni mirë. Hidheni përzierjen në një kavanoz prej 1 litërsh, mbulojeni dhe lëreni të qëndrojë për dymbëdhjetë orë.

b) Vendoseni në frigorifer, ku duhet të ruhet për katër ditë.

MASON JAR PIJE

92. Ftohës me limon dhe kastravec

RERBIME 2 pije

Përbërësit
- Akull i grimcuar
- 1 kastravec i vogël Kirby
- ½ limon i vogël
- 2 lugë çaji sheqer
- 1/2 lugë çaji xhenxhefil të sapo grirë
- Uji Seltzer
- Zubrowka Bison Grass Vodka

Drejtimet
a) Mbushni të dy kavanozët me akull të grimcuar në kapacitet 34%. Kastraveci duhet të pritet në feta të holla. Ndani përzierjen midis dy kavanozave. Në çdo kavanoz mason, shtoni 1 lugë çaji sheqer.

b) Shtrydhni gjysmë limoni në secilën prej dy kavanozave. Për ta përdorur si garniturë, prisni dy rrathë nga gjysma e mbetur e limonit.

Në çdo kavanoz murator, derdhni 1,5 ons Zubrowka. Përpara se të hidhni sodën e klubit, shtoni një çerek lugë çaji xhenxhefil në secilën filxhan. Mbushni gotën përgjysmë me ujë seltzer. Shijojeni me një fetë limoni si garniturë!

93. Kefir vegan

Bën rreth 1 litër/litër

Përbërësit:

- 1 litër (ose litër) ujë të filtruar
- ½ filxhan shqeme të papërpunuara, të pakripura
- 1 lugë çaji sheqer kokosi, shurup panje të pastër ose nektar agave
- 1 lugë gjelle kokrra kefir
- Seksione mandarine për zbukurim (opsionale)

Udhëzime:

a) Në një blender, përzieni së bashku ujin, shqemet dhe sheqerin e kokosit (ose shurupin e panjeve ose nektarin e agave) derisa të bëhet e butë dhe kremoze.

b) Hidheni qumështin e shqemës në një kavanoz qelqi 1½ deri në 2 litër, duke u siguruar që të jetë më pak se $^2/_3$ plot. Shtoni kokrrat e kefirit, përzieni dhe vendosni kapakun në kavanoz.

c) Lëreni kavanozin në temperaturën e dhomës për njëzet e katër deri në dyzet e tetë orë, duke e trazuar me kujdes periodikisht. Qumështi i shqemit do të bëhet disi flluska, pastaj do të fillojë të mpikset dhe të ndahet; Thjesht tundeni për të ripërzier kefirin, ose hiqni gjizën më të trashë dhe përdorni ato siç do të përdorni djathin e butë ose salcë kosi.

d) Lëreni në frigorifer deri në një javë. Kur të jeni gati për ta servirur kefirin, hidheni në një gotë dhe zbukurojeni buzën e gotës me copa mandarine, sipas dëshirës.

94. <u>Çaj i Zi Kombucha</u>

Bën rreth 3½ litër/litër

Përbërësit:

- 4 litra (ose litra) ujë të filtruar
- 1 filxhan sheqer i parafinuar
- 4 qese çaji të zi ose 4 lugë çaji me gjethe të lirshme
- 1 kulturë fillestare kombucha

Udhëzime:

a) Në një tenxhere të madhe inoks, vendosni ujin të vlojë, shtoni sheqerin dhe përzieni derisa sheqeri të tretet plotësisht.

b) Shtoni qeset e çajit të zi ose çajin e lirshëm dhe ziejini për 10 minuta të tjera për të zhdukur çdo mikrob të padëshiruar që mund të jetë i pranishëm në qeskat e çajit.

c) Fikni zjarrin dhe lëreni çajin të ziejë për 15 minuta; hiqni qeset e çajit.

d) Lëreni çajin të ftohet në temperaturën e dhomës ose në temperaturë pak të vakët; nuk duhet të jetë më e ngrohtë se rreth 70ºF ose 21ºC për të siguruar që kultura e kombuchës të mos dëmtohet.

e) Hidheni çajin e zhytur në një enë të madhe qeramike ose në një enë qelqi me grykë të gjerë, të tilla si ato që përdoren për të bërë çaj të ftohtë.

f) Shtoni në çaj kulturën fillestare të kombucha-s së bashku me çdo çaj që vjen me të.

g) Mbuloni pjesën e sipërme të pjatës ose enës me një copë liri ose pambuku të pastër (shmangni përdorimin e napës, pasi është shumë poroze) dhe lidhni një brez elastik rreth buzës për ta mbajtur leckën në vend; Përndryshe, mund të përdorni shirit rreth skajit për të mbajtur leckën në vend dhe për të siguruar që lecka të mos bjerë në pjatë ose enë.

h) Vendoseni enën ose kazanin në një vend të qetë me ajrosje ajri, në një zonë të ngrohtë por jo të ndriçuar nga dielli, ku nuk do të shqetësohet.

i) Gama ideale e temperaturës së fermentimit është 73 deri në 82ºF, ose 23 deri në 28ºC. Pasi të keni gjetur një vend për të, mos e lëvizni enën ose enën gjatë fermentimit të kombucha, pasi mund të ndërhyjë në procesin e kultivimit.

j) Prisni rreth pesë deri në gjashtë ditë për të korrur kombucha-n tuaj. Së pari, kontrolloni shijen: Nëse është më e ëmbël se sa dëshironi, lëreni të fermentohet edhe një ose dy ditë. Nëse ka një shije uthulle, mund t'ju duhet të mbushni tufat e ardhshme pas fermentimit për një periudhë më të shkurtër kohore; është ende mirë për t'u pirë, por mund t'ju duhet ta holloni me ujë kur e pini për të shmangur irritimin e fytit ose stomakut.

k) Hidhni të gjitha, përveç afërsisht 2 filxhanëve të kombucha-s tuaj të fermentuar në një kavanoz qelqi, një enë me kapak ose kavanoza qelqi të shumëfishta me një shërbim të vetëm (shishet e modës së vjetër të sodës me kapakun e sipërm funksionojnë mirë), mbulojeni dhe ruajeni atë në frigorifer.

95. Kombucha e Çajit të Kuq Afrikan

Bën rreth 3½ litër/litër

Përbërësit:

- 4 litra ujë të filtruar
- 1 filxhan sheqer kokosi
- 4 lugë çaji rooibos me gjethe të lirshme ose 4 qese çaji rooibos
- 1 kulturë fillestare kombucha

Udhëzime:

a) Në një tenxhere të madhe inoks, vendosni ujin të vlojë, shtoni sheqerin dhe përzieni derisa sheqeri të tretet plotësisht.

b) Shtoni qeskat e çajit rooibos ose çajin e lirshëm dhe ziejini për 10 minuta të tjera për të vrarë çdo mikrob të padëshiruar që mund të jetë i pranishëm në qeskat e çajit. Fikni zjarrin dhe lëreni çajin të ziejë për 15 minuta; hiqni qeset e çajit.

c) Lëreni çajin të ftohet në temperaturën e dhomës ose në temperaturë pak të vakët; nuk duhet të jetë më e ngrohtë se rreth 70ºF ose 21ºC për të siguruar që kultura e kombuchës të mos dëmtohet.

d) Hidheni çajin e zhytur në një pjatë të madhe qeramike ose enë qelqi me grykë të gjerë, përmes një site me rrjetë të imët në mënyrë që të hiqni çdo çaj me gjethe të lirshme (nëse përdorni).

e) Shtoni në çaj kulturën fillestare të kombucha-s së bashku me çdo çaj që vjen me të. Mbuloni pjesën e sipërme të pjatës ose enës me një copë liri ose pambuku të pastër (shmangni përdorimin e napës, pasi është shumë poroze) dhe lidhni një brez elastik rreth buzës për ta mbajtur leckën në vend; Përndryshe, mund të përdorni shirit rreth skajit për të mbajtur leckën në vend dhe për të siguruar që lecka të mos bjerë në pjatë ose enë.

f) Vendoseni enën ose kazanin në një vend të qetë me ajrosje ajri, në një zonë të ngrohtë por jo të ndriçuar nga dielli, ku nuk do të shqetësohet. Gama ideale e temperaturës së fermentimit është 73 deri në 82ºF, ose 23 deri në 28ºC. Pasi të keni gjetur një vend për të, mos e lëvizni enën ose enën gjatë fermentimit të kombucha, pasi mund të ndërhyjë në procesin e kultivimit.

g) Prisni rreth pesë deri në gjashtë ditë për të korrur kombucha-n tuaj. Së pari, kontrolloni shijen: Nëse është më e ëmbël se sa dëshironi, lëreni të fermentohet edhe një ose dy ditë. Nëse ka një shije uthulle, mund t'ju duhet të mbushni tufat e ardhshme pas një periudhe më të shkurtër kohe; është ende mirë për t'u pirë, por mund t'ju duhet ta holloni me ujë kur e pini për të shmangur irritimin e fytit ose stomakut.

h) Hidhni të gjitha, përveç afërsisht 2 filxhanëve të kombucha-s tuaj të fermentuar në një kavanoz qelqi ose enë me kapak, ose kavanoza qelqi të shumëfishtë me një shërbim të vetëm (shishet e modës së vjetër të sodës me kapakun e sipërm funksionojnë mirë), mbulojeni dhe ruajeni në frigorifer.

i) Për të rritur shkumëzimin, shtoni një majë sheqer dhe prisni një ose dy ditë për ta pirë. Nëse e mbani më shumë se një javë, mund t'ju duhet të lironi kapakun në frigorifer për të lejuar daljen e gazrave dhe për të parandaluar thyerjen e xhamit për shkak të presionit të tepërt që mund të ndodhë për periudha më të gjata kohore.

96. E kulturuar Bloody Mary

Bën rreth 2 gota

Përbërësit:
- 4 domate mesatare
- Lëng nga ½ gëlqere
- ⅓ filxhan shëllirë nga kimchi, lakër turshi ose turshi
- Dash kripë deti të parafinuar
- Piper dash
- 1 kërcell selino (opsionale, për zbukurim)

Udhëzime:
a) Në një blender, kombinoni të gjithë përbërësit përveç selinos dhe përzieni derisa të bëhet një masë homogjene.
b) Hidheni përzierjen në një enë qelqi të mbuluar dhe lëreni të fermentohet për dy deri në dymbëdhjetë orë, në varësi të preferencës tuaj; kohë më të gjata fermentimi rezultojnë në një pije më të tanger.
c) Nëse dëshironi, zbukurojeni me selino dhe shërbejeni menjëherë.
d) Mbani mbetjet në një kavanoz në frigorifer deri në tre ditë.

97. Çaj i ftohtë i pjeshkës

PËRBËRËSIT:

- 4 thasë çaji të zi
- 8 gota ujë
- 1/2 filxhan shurup pjeshke
- 1/2 filxhan mjaltë
- Pjeshkë të prera në feta (opsionale)
- Gjethet e mentes (opsionale)

UDHËZIME:

a) Ziejini qeset e çajit në 8 gota ujë të vluar për 5 minuta.
b) Hiqni qeset e çajit dhe përzieni shurupin e pjeshkës dhe mjaltin derisa të treten.
c) Lëreni çajin të ftohet në temperaturën e dhomës.
d) Mbushni kavanozët Mason me akull dhe hidhni çajin mbi akull.
e) Nëse dëshironi, shtoni pjeshkë të prera në feta dhe gjethe menteje për zbukurim.
f) Shërbejeni dhe shijoni!

98. Shalqi Agua Fresca

PËRBËRËSIT:
- 4 gota shalqi të grirë
- 2 gota ujë
- 1/4 filxhan lëng limoni
- 1/4 filxhan mjaltë
- Gjethet e mentes (opsionale)

UDHËZIME:
a) Shtoni shalqinin, ujin, lëngun e limonit dhe mjaltin në një blender.
b) Përziejini derisa të jetë e qetë.
c) Mbushni kavanozët Mason me akull dhe derdhni agua fresca mbi akull.
d) Shtoni gjethet e mentes për zbukurim, nëse dëshironi.
e) Shërbejeni dhe shijoni!

99. Limonadë me boronica

PËRBËRËSIT:
- 1 filxhan boronica
- 1/2 filxhan lëng limoni
- 1/2 filxhan mjaltë
- 6 gota ujë
- Feta limoni (opsionale)
- Boronica (opsionale)

UDHËZIME:
a) Shtoni boronicat, lëngun e limonit dhe mjaltin në një blender.
b) Përziejini derisa të jetë e qetë.
c) Kullojeni përzierjen përmes një sitë rrjetë të imët.
d) Mbushni kavanozët Mason me akull dhe derdhni limonadën e boronicës mbi akull.
e) Nëse dëshironi, shtoni feta limoni dhe boronica për zbukurim.
f) Shërbejeni dhe shijoni!

100.   <u>**Mango Lassi**</u>

PËRBËRËSIT:
- 1 filxhan kos të thjeshtë
- 1 filxhan mango të freskët të copëtuar
- 1/4 filxhan mjaltë
- 1/4 filxhan qumësht
- 1/4 lugë kardamom të bluar
- Gjethet e mentes (opsionale)

UDHËZIME:
a) Shtoni kosin, mangon, mjaltin, qumështin dhe kardamonin në një blender.
b) Përziejini derisa të jetë e qetë.
c) Mbushni kavanozët Mason me akull dhe derdhni mango lassi mbi akull.
d) Shtoni gjethet e mentes për zbukurim, nëse dëshironi.
e) Shërbejeni dhe shijoni!

PËRFUNDIM

Si përfundim, vaktet e kavanozëve janë një mënyrë e gjithanshme dhe e përshtatshme për të shijuar ushqim të shëndetshëm dhe të shijshëm në çdo kohë, kudo. Duke përdorur kavanoza murature për ruajtjen dhe servirjen e ushqimit, ju mund t'i ndani me lehtësi vaktet dhe ushqimet e lehta dhe t'i merrni me vete në lëvizje. Me mundësi të pafundme për receta, vaktet e kavanozit janë një zgjidhje perfekte për individët e zënë që duan të ushqehen shëndetshëm pa sakrifikuar shijen apo komoditetin. Kështu që herën tjetër që të kërkoni një opsion të shpejtë dhe të lehtë të përgatitjes së vaktit, provoni të bëni një vakt mason dhe shijoni përfitimet e këtij trendi inovativ.

Milton Keynes UK
Ingram Content Group UK Ltd.
UKHW020834250823
427479UK00015B/524